陈德正　主 编 //　吕桂霞　曲 升　副主编 //

太平洋岛国研究

Research on Pacific Island Countries

（第一辑）

社会科学文献出版社

SOCIAL SCIENCES ACADEMIC PRESS (CHINA)

目　　录

特约专论

专题论文

会议综述

书评书讯

中国与太平洋岛国的互利
合作前景广阔（代序）

于洪君[*]

烟波浩渺的南太平洋上，星罗棋布地分布着 16 个主权独立国家和十几个尚属美、英、法等国管辖的地区。在这 16 个国家中，澳大利亚、新西兰是公认的发达国家，属于国际关系和地缘政治学中的西方世界，属于发达资本主义国家的范畴。被称为太平洋岛国的其余 14 个国家和美、英、法属地区，均处于经济社会欠发达状态。目前，在这 14 个太平洋岛国中，中国与巴布亚新几内亚、斐济、密克罗尼西亚、纽埃、萨摩亚、汤加、瓦努阿图、库克群岛共 8 个国家保持着外交关系。其余 6 国，即基里巴斯、瑙鲁、帕劳、所罗门群岛、图瓦卢、马绍尔群岛，为台湾当局的所谓"邦交国"。①

南太平洋地区是中国实行大周边战略、全面营造和平崛起的外部环境的睦邻拓展区，也是反对"台独"势力、为争取国家统一而进行外交斗争的重要博弈区。因此，进入新世纪以来，中国不断加大对南太平洋地区的关注力度和外交投入。除了全面发展和深化与建交国的友好交往与互利合作外，中国对未建交国也保持着一定形式的民间往来，适度开展一般性经贸活动，并择机开展必要的人文交流与互动。

2013 年 9 ~ 10 月，习近平主席出访中亚和东南亚时，向中国周边地区

---

* 于洪君，中共中央对外联络部原副部长，全国政协外事委员会委员，中国人民争取和平与裁军协会副会长，聊城大学太平洋岛国研究中心名誉主任。

① 基里巴斯 1980 年曾与中国建交，2003 年基大选后宣布与台湾当局"建交"。中方随即宣布中止与基里巴斯的外交关系。瑙鲁 2002 年曾与中国建交，2005 年与台湾当局"建交"后，中方宣布中止与瑙鲁的外交关系。马绍尔群岛 1990 年亦曾与中国建交，1998 年与台湾当局"建交"，中国随即中止与马绍尔群岛的外交关系。

各国发出了创新区域合作模式，共同建设丝绸之路经济带和21世纪海上丝绸之路，即"一带一路"的倡议，得到了国际社会的普遍赞同和响应。太平洋岛国虽然不是传统概念中的丝绸之路沿线国家，但与我国同属太平洋地区，共处于经济联系日益紧密、发展利益相互交融、安全利益彼此交织的地缘政治环境中。因此，包括14个岛国在内的南太平洋地区，是我国引导新一轮经济全球化均衡发展，在更大范围推进"一带一路"的重要区域。

中国与太平洋岛国相互沟通、交流与合作的机制很多。太平洋岛国论坛是中国与太平洋岛国开展多边对话，提升务实合作水平的一个重要平台。该论坛成立于1971年，最初名为南太平洋论坛，1972年建立的常设机构称作南太平洋合作局，1988年更名为南太平洋论坛秘书处。2000年，南太平洋论坛改为现名，即太平洋岛国论坛。

太平洋岛国论坛成立的初衷，在于加强成员之间的经贸关系，在旅游、电信、教育等各领域开展交流，而后逐渐发展为在经济、政治、安全、政策等各领域全面合作的区域性组织。论坛成员由最初的澳大利亚、新西兰、斐济等7个国家，扩大到南太平洋地区所有16个国家。① 另外还有若干联系成员、观察员和特别观察员。论坛的主要机制是每年一次在成员国轮流举行的首脑会议。

中国自1988年起开始参与南太平洋论坛活动。1989年，南太平洋论坛决定邀请中、美、英、法、日和加拿大等国家出席论坛首脑会议后的对话会，该论坛也成为当年成立的亚太经合组织的观察员。1994年，南太平洋论坛成为联合国观察员。1991～2007年，该论坛又先后接纳了欧盟以及韩国、意大利等多国为对话伙伴。2014年，土耳其、西班牙成为该论坛观察员。目前，该论坛对话伙伴共有17个。自1997年起，该论坛每年在首脑会议举行之前都要召开经济部长会议。自1999年起，首脑会议召开之前又增加了贸易部长会议。自2016年起，该论坛决定每年首脑会议前再召开一次外长会议。

中国自1990年起，连续派政府代表参加该论坛首脑会议后的对话会。通过这种机制性安排，中国不断加强同该论坛及其成员的接触与合作。2000年，中国政府捐资设立了中国－论坛合作基金，用以促进双方在贸易投资等领域的合作。该项基金设立后，中方先后资助了论坛驻华贸易代表处、投资

---

① 2006年，斐济因国内发生军事政变，被中止成员资格。

局长年会、论坛秘书处信息存储系统更换、论坛进口管理等项目。2002 年，太平洋岛国论坛驻华贸易代表处正式挂牌运行。

2003 年，中方就加强中国与论坛的关系提出了一系列具体建议。2006 年，中国－太平洋岛国经济发展合作论坛首届部长级会议在斐济首都苏瓦举行，中国政府总理温家宝出席了开幕式。中国政府首脑首次出席论坛活动，在太平洋岛国产生了广泛影响。中国与太平洋岛国的务实合作关系进入新的发展阶段。2008 年，中国－太平洋岛国经济发展合作论坛投资、贸易、旅游部长级会议在中国厦门成功召开，中国与太平洋岛国的合作势头进一步增强。

2010 年，在太平洋岛国论坛第 22 届首脑会议后举行的对话会上，中国政府代表阐述了中方对太平洋岛国的政策，宣布了中国支持岛国经济社会发展的新措施，重申了中国帮助岛国应对国际金融危机和气候变化的积极态度与政策主张。与此同时，中方也呼吁国际社会为岛国提供更多的关注和支持。

2011 年，中国代表在第 23 届论坛会后对话会上重申，中国政府将继续与论坛成员及其他对话伙伴协调与合作，为促进岛国地区稳定、发展与繁荣做出不懈努力。在与论坛合作的过程中，中国提出的"相互尊重、平等互利、彼此开放、共同繁荣、协商一致"原则，作为中国与包括南太平洋诸国在内的所有亚太国家开展友好合作的根本方针，受到论坛各方的赞赏和支持。为加强双方的互惠活动，自 2012 年起，太平洋岛国论坛驻华贸易代表处更名为太平洋岛国贸易与投资专员署。2013 年 11 月，第二届中国－太平洋岛国经济发展合作论坛在中国广州举行。巴布亚新几内亚总理、密克罗尼西亚联邦总统、汤加首相等岛国领导人与会。中国国务院副总理汪洋出席了论坛开幕式。论坛期间，中国宣布给予岛国中最不发达国家 95% 的出口商品零关税待遇，鼓励和支持岛国搭乘中国经济发展的快车。

在太平洋岛国论坛框架下，中国外交部和其他有关部门自 2004 年起，先后为岛国开办了多期高级外交官培训班。来自与中国建交的 8 个国家的外交官和论坛秘书处官员，分期分批地参加了培训。2013 年 9 月和 2014 年 11 月，中国外交部先后邀请两批岛国新闻代表团来华进行参观采访活动。2011～2015 年，中共中央联络部先后在北京、上海等地为太平洋岛国举办了五期政治家联合考察和培训活动。

2014 年，习近平以新任中国国家元首的身份，访问了澳大利亚、新西兰和斐济三国。此次访问的目的是要进一步提升中国与澳大利亚、新西兰的合作水平，实质性地结束中澳两国的自由贸易协定谈判，确认中新两国关系为全面战略伙伴关系。

习近平主席此次对南太国家的访问，对中国进一步拓展与太平洋岛国的关系，具有特别重大的意义。由于这次访问，中方大幅度地提升了与斐济的传统友谊与互利合作。中国与斐济于 2006 年即已建立起"中斐重要战略伙伴关系"。2006 年，当斐济国内政局生变，包括澳大利亚、新西兰在内的所有发达国家宣布对斐济进行制裁时，斐济被太平洋岛国论坛中止了成员资格。在这种情况下，中方在政治上、经济上给予斐济巨大援助，帮助斐济度过独立以来未曾有过的困难时期。

习近平主席对斐济的访问，也是中国国家元首第一次登上太平洋岛国土地，意义深远。访斐期间，除了与斐济领导人就双边关系和共同关心的地区和国际问题交换意见外，习近平还与巴布亚新几内亚总理奥尼尔、瓦努阿图总理纳图曼、汤加首相图伊瓦卡诺等 8 位与中国建交的岛国领导人举行了集体会晤。习近平在主持会议并发表主旨讲话时，阐述了新形势下中国深化同太平洋岛国关系的新思路、新举措，重申中国是太平洋岛国的真诚朋友和合作伙伴。

习近平指出，中国和太平洋岛国虽然相距遥远，但双方人民有着天然的亲近感，友好交往源远流长。当前中国和太平洋岛国传统友谊更加牢固，共同利益不断拓展，合作前景日益广阔，双方关系面临乘势而上的良好机遇。他特别指出，中国对发展同太平洋岛国关系的重视只会加强不会削弱，投入只会增加不会减少。为此，习近平建议双方：第一，建立相互尊重、共同发展的战略伙伴关系；第二，加强高层交往，共同为双方关系做好战略规划和顶层设计；第三，深化务实合作，分享发展经验和成果；第四，扩大人文交流；第五，加强多边协调。

习近平在讲话中还表示，中国愿同岛国深化经贸、农渔业、海洋、能源资源、基础设施建设等领域的合作，并且要为最不发达的岛国 97% 税目的输华商品提供零关税待遇。中国继续支持岛国重大生产项目以及基础设施和民生工程建设。未来 5 年，中国将为岛国提供 2000 个奖学金和 5000 个各类研修培训名额，继续派遣医疗队到有关岛国工作，鼓励更多中国游客赴岛国旅游。

此外，中方还愿同各岛国一起，就全球治理、扶贫减灾、粮食安全、能源安全、人道援助等问题加强沟通，维护双方和发展中国家的共同利益。中方将在南南合作框架下为岛国应对气候变化提供支持，向岛国提供节能环保物资和可再生能源设备，开展地震海啸预警、海平面监测等合作。中方将继续积极参与太平洋岛国论坛、太平洋岛国发展论坛等合作机制，支持岛国为联合自强、互帮互助、维护地区稳定和繁荣而做出的努力。

习近平主席与南太地区建交国领导人的集体会晤，是继第二届中国－太平洋岛国经济发展合作论坛后，中国与太平洋岛国举行的最高级别、最富成果的多边对话，这也是中国与太平洋岛国关系史上的第一次。会晤举行后，中国与各太平洋岛国的双边关系得到更快发展。例如，中国与斐济的友好交往与互利合作关系更加密切。2015 年，中国多个高级代表团往访斐济。两国的贸易额比上年增加了 2%，总量达 3.47 亿美元。双方互免签证的谅解备忘录亦于当年 3 月正式生效。2016 年，双方各领域务实合作步伐加快。由中方提供资金、中国企业承建的基础设施项目进展良好。一些有实力的民营资本和企业也陆续进入斐济市场。在首都苏瓦和楠迪等地，"把中国效率与斐济时间结合起来"，已经成为当地尽人皆知的流行口号。2017 年，斐济正式加入中国主导创立的亚洲基础设施投资银行，成为中国在南太地区推进"一带一路"建设的重要伙伴。中斐关系堪称中国与太平洋岛国平等相待，真诚合作，共建利益共同体、发展共同体和命运共同体的楷模。

中国与太平洋岛国中面积最大的巴布亚新几内亚的关系，近年来也有了更大发展。2014 年 11 月，巴布亚新几内亚总理奥尼尔来华参加了第 22 次亚太经合组织领导人非正式会议。2015 年 9 月，奥尼尔又来华出席了中国人民抗日战争暨世界反法西斯战争胜利 70 周年纪念活动，在南太地区产生了积极反响。习近平主席两次会见奥尼尔。据中国海关统计，中国与巴布亚新几内亚的经贸关系近年来有较快发展。双方贸易额到 2015 年已近 28 亿美元，比上年增长了 36.3%。

南太平洋地区另一个很有影响的国家瓦努阿图，与中国的关系也在持续而广泛地向纵深发展。该国人口不足 30 万，政党如林，党争复杂而激烈，政府更迭十分频繁，但无论哪个政党执掌政府，对华友好的基本方针已多年稳定不变，各政党与中国共产党的友好交往机制也运行良好。2015 年 9 月，时任总理基尔曼来华参加了中国人民抗日战争暨世界反法西斯战争胜利 70 周年纪念活动。中国对瓦努阿图的政治支持和经济技术援助，以及军事交往和人文合作，仍一如既往地顺利进行。

　　进入 2017 年，国际形势变幻莫测的特点更加突出，人类社会的发展问题、安全问题也格外引人注目。包括太平洋岛国在内的广大亚太地区，可能出现空前复杂的局面。受中美关系、中国与澳新关系以及台湾问题等多种因素影响，中国与太平洋岛国的关系既会有新的机遇和发展，也会出现新的情况和变化，但中国与太平洋岛国业已形成的多领域、全方位、深层次的友好交往与务实合作，基础坚实，前景广阔，有望继续保持全面稳定、持续向前的大方向。中国与那些目前没有建立外交关系的国家，有可能实现关系正常化，甚至可能在政治、经济、人文等领域，实现突破性的交流、对话与合作。

2017 年 3 月 17 日　北京

特约
专论

Research on
Pacific Island
Countries

关于太平洋岛国地区形势和
中太关系的几点看法[*]

杜起文^{**}

　　非常高兴参加今天的会议。首先，我谨对此次会议的成功召开表示祝贺，对会议主办单位——聊城大学太平洋岛国研究中心所做的周到安排表示感谢。

　　作为国内从事太平洋岛国问题研究的重镇，聊城大学太平洋岛国研究中心自 2012 年成立以来，在开展学术研究和有关交流方面做了大量基础性和开创性的工作，并被评为省级重点智库。在此，我谨对中心成立 4 年来取得的成绩表示衷心的祝贺！

　　中心的成立恰逢中国同太平洋岛国关系进入快速发展的新阶段，可谓应运而生。相信在未来岁月里，中心对推动中国同太平洋岛国各领域交流与合作的发展一定会发挥越来越大的作用。

　　在座来宾很多是国内国际问题和国际关系理论研究领域的名家、大家，是我们仰慕的对象。作为一线外交工作者，a foot soldier in diplomatic work，我很珍惜和大家交流的机会，期待着从各位的真知灼见中得到教益。

　　应聊城大学太平洋岛国研究中心负责人陈德正教授的要求，下面我围绕此次高层论坛的主题，就当前太平洋岛国地区形势以及中国同太平洋岛国关系向大家介绍一些情况和我个人的看法，供大家参考。

　　两周前，我刚刚参加了在密克罗尼西亚联邦举行的第 28 届太平洋岛国

---

　　* 杜起文特使在第二届太平洋岛国研究高层论坛上的主旨讲话。

　　** 杜起文，外交部中国－太平洋岛国论坛对话会特使，外交部外交政策咨询委员会委员，中华人民共和国外交史学会会长。

论坛会后对话会，同 8 个建交岛国领导人和代表、太平洋岛国论坛秘书长以及新西兰、法国等对话伙伴国代表进行了充分交流。这是我连续第 3 年参加太平洋岛国论坛会后对话会，零距离观察和聆听各方对岛国地区形势发展变化的看法。

各方比较普遍的看法是太平洋岛国地区形势正在发生历史性的深刻变化，主要表现在四个方面：（1）太平洋岛国谋求自主发展和联合自强的趋势不断增强；（2）国际社会对岛国地区的重视程度上升；（3）太平洋岛国地区的传统力量格局正在发生变化；（4）中国同岛国关系的发展及对岛国地区的影响日益为各方所瞩目。

以上几个方面中，最具根本意义的是岛国自主发展意识的增强。我从 2009 年下半年到 2012 年担任中国 - 太平洋岛国论坛对话会特使，2014 年起重操旧业。几年来我一直在思考这样一个问题——在地区和世界形势发生深刻变化的大背景下，作为国际社会极其特殊的群体，太平洋岛国最根本的利益诉求和发自内心深处的呼声是什么？在这方面，同岛国领导人和各界人士接触给我留下的突出感受有三点：

第一，面对全球化的冲击，太平洋岛国希望得到国际社会更多的帮助，以跟上时代发展的步伐，而不是被进一步边缘化；

第二，面对迅猛发展的科技革命浪潮，太平洋岛国希望借助科技进步的东风，实现跨越式发展，而不是与之擦肩而过；

第三，作为受气候变化和海平面上升影响最直接和应对能力最脆弱的群体，太平洋岛国希望国际社会更多听到他们的声音，了解他们的需要，提供实实在在的帮助，而不是被置于孤立无援的境地。

这一点在 9 月初举行的第 47 届太平洋岛国论坛会上得到生动的体现和诠释。这次论坛会的主题是"SMALL AND FAR—CHALLENGES FOR GROWTH"，译成中文是：弱小而偏远——太平洋岛国在实现增长方面面临的挑战。

近年来，太平洋岛国积极推动区域合作，提出"太平洋区域主义"合作框架，开展区域贸易自由化、交通和电信等基础设施互联互通，协调渔业政策，发展渔产品加工和旅游等领域的国际合作，增强经济发展内生动力。太平洋岛国在气候变化、海洋环境和资源保护等问题上积极发声，在有关气候变化的《巴黎协定》《联合国 2030 年可持续发展议程》的制定过程中发挥了特殊的作用。

与此同时，太平洋岛国在国际关系中的能见度也在不断提升。斐济常驻联合国代表汤姆森当选第 71 届联大主席，萨摩亚成功举办联合国小岛屿发展中国家会议，巴布亚新几内亚获得 2018 年 APEC 会议主办权。在里约奥运会上，斐济七人制橄榄球队勇夺太平洋岛国历史上第一枚奥运会金牌，运动员入场式上汤加代表队旗手赤裸上身的肌肉帅哥形象为全球社交传媒津津乐道。太平洋岛国在大家心中已不再那么陌生与遥远。日本、韩国、印度、法国等先后与岛国建立高级别对话机制。在今年论坛会上，法属波利尼西亚和新喀里多尼亚被正式吸收为论坛成员，从而使论坛成员由 16 个增加到 18 个。德国被接受为论坛第 18 个对话伙伴。

各位专家、学者，近年来，中国同太平洋岛国相互尊重、共同发展的战略伙伴关系不断取得新的进展，习近平主席 2014 年 11 月同岛国领导人会晤的成果正在得到积极的落实。

第一，双方在基础设施领域合作进展显著。岛国积极申请使用中方 20 亿美元优惠贷款和 20 亿美元基础设施专项贷款，包括巴新海底光缆、瓦努阿图桑托斯岛卢甘维尔港码头、斐济北岛公路等在内的一批码头、公路、电信等基础设施项目已经建成或启动。

第二，中太经贸合作不断扩大。在全球贸易下滑的背景下，2015 年中国同岛国地区贸易总额达 81 亿美元，同比增长 60% 以上。中国和巴布亚新几内亚、斐济等国启动了双边自贸协定可行性研究。

第三，中太人文交流更加密切。中国迄今已为岛国培训 4000 余名管理和技术人才。中方积极兑现 2015～2020 年向岛国提供 2000 个奖学金名额和 5000 个培训机会的承诺，帮助岛国加强能力建设。中国赴岛国游客人数快速上升，2015 年已超过 10 万人次。

第四，在密克罗尼西亚联邦、瓦努阿图、斐济遭受严重气象灾害后，中国是最迅速、最积极提供紧急救灾援助的国家。我们还通过提供节能物资、人员培训等方式帮助岛国增强应对气候变化的能力。

各位专家、学者，近年来，中太关系的发展顺应了时代潮流和岛国的根本诉求，同习近平主席提出的建设"21 世纪海上丝绸之路"倡议的内涵是高度吻合的。岛国对"一带一路"构想做出积极响应，巴布亚新几内亚、斐济、萨摩亚等国明确提出希望加入亚洲基础设施投资银行。在我看来，我们所做的一切就是"21 世纪海上丝绸之路"在实践中。

岛国朋友和外界观察家也是从世界和地区形势发生深刻变化的角度看待

中国在岛国地区的作用和影响的。岛国朋友对我们说，中国对岛国的重要性不仅在于中国为岛国提供了大量真诚的援助，更重要的是为岛国提供了另外一种选择（an alternative）。这有助于增强岛国自主发展的信心和能力，也在客观上调动了其他各方发展同岛国关系的积极性，使岛国地区不再是"被爱情遗忘的角落"。西方学者中流行一个说法，即对于中国这个"后来者"，太平洋岛国的政策是"FEED THE DRAGON，TO TAME THE KONGAROOS，THE KIWIS AND THE BALD AMERICAN EAGLE"。翻译成中文就是：与中国龙打好交道以便他们驯服澳大利亚袋鼠、新西兰土鸟和美国秃头鹰。我们当然不同意这样的说法，但是它确实反映出西方对于中国在岛国地区影响不断上升的纠结心态。

各位专家、学者，在结束这次讲话的时候，我想强调，中国同太平洋岛国各领域的交流合作方兴未艾，前景广阔。在这一过程中，我们需要学界的积极参与，也热情期待着大家从不同角度的支持与配合。

谢谢大家！

2016 年 9 月 27 日   北京

专题论文

Research on Pacific Island Countries

中国与太平洋岛国关系：
进展、机遇与挑战

徐秀军[*]

摘要： 近年来，中国与太平洋岛国关系总体稳定，各领域合作日益深入。在"21世纪海上丝绸之路"建设背景下，双方共同利益得到进一步拓展，并由此迎来新的合作机遇。尽管当前中国与太平洋岛国关系仍面临诸多挑战，但稳定的政治关系仍将是巩固双边关系的基石，并且战略对接的深入将为双方创造更多的发展与合作机遇，从而推动中国与太平洋岛国关系继续保持良好的发展势头。总体来看，中国与太平洋岛国关系的发展机遇与挑战并存，发展前景十分广阔。

关键词： 太平洋岛国　周边外交　21世纪海上丝绸之路

2013年以来，随着"一带一路"倡议的提出，太平洋岛国在中国外交战略的地位得到再度提升。2014年，国家主席习近平出访太平洋岛国斐济，并与多个太平洋岛国领导人进行会谈，推动了新形势下双方关系的深入发展。与此同时，中国与太平洋岛国关系也面临一些新的挑战。

一　中国与太平洋岛国关系的新定位与新进展

（一）中国外交中的太平洋岛国的新定位

早在2006年，时任总理温家宝在"中国－太平洋岛国经济发展合作论

---

* 徐秀军，中国社会科学院世界经济与政治研究所国际政治经济学研究室副主任。

坛"首届部长级会议开幕式上的讲话中就明确提出，发展与太平洋岛国的友好合作关系不是中国外交的权宜之计，而是战略决策，中国与太平洋岛国是合作伙伴。[①] 此后 10 年，太平洋岛国在中国外交战略的地位有了新的发展与提升。当前，太平洋岛国在中国外交战略的新定位，主要体现在以下两个方面。

一是相互尊重、共同发展的战略伙伴关系。2014 年 11 月，习近平主席访问斐济期间提出，中国对发展同太平洋岛国关系的重视只会加强，不会削弱，投入只会增加，不会减少，并将中国与太平洋岛国关系定位为相互尊重、共同发展的战略伙伴关系。在此框架下，中方尊重各岛国自主选择符合本国国情的社会制度和发展道路，支持岛国以自己的方式管理和决定地区事务，支持岛国平等参与国际事务，维护自身合法权益。[②] 由此，中国与太平洋岛国进入战略伙伴关系发展的新时代。

二是海上丝绸之路的重点区域。2015 年 3 月，国家发展改革委、外交部、商务部联合发布《推动共建丝绸之路经济带和 21 世纪海上丝绸之路的愿景与行动》并提出，"21 世纪海上丝绸之路重点方向是从中国沿海港口过南海到印度洋，延伸至欧洲；从中国沿海港口过南海到南太平洋"。[③] 作为21 世纪海上丝绸之路的自然延伸，太平洋岛国无疑是这一倡议的重要组成部分。在"21 世纪海上丝绸之路"建设框架下，中国与太平洋岛国之间的战略对接拥有了新的平台，并将由此创造相互合作的新动力。

（二）中国与太平洋岛国经贸关系发展

中国与太平洋岛屿地区贸易规模不大，但发展十分迅速。[④] 据中方统计数据，2015 年中国与太平洋岛屿地区的货物贸易额达 81.80 亿美元，较上年增长 62.77%，为 2000 年的 29.8 倍，其中中国从太平洋岛屿地区进口额

---

① 温家宝：《加强互利合作实现共同发展——在"中国－太平洋岛国经济发展合作论坛"首届部长级会议开幕式上的讲话》，《中华人民共和国国务院公报》2006 年第 15 期。

② 《习近平同太平洋岛国领导人举行集体会晤并发表主旨讲话》，《人民日报》2014 年 11 月 23 日，第 1 版。

③ 国家发展改革委、外交部、商务部：《推动共建丝绸之路经济带和 21 世纪海上丝绸之路的愿景与行动》，《人民日报》2015 年 3 月 29 日，第 4 版。

④ 在统计上，太平洋岛屿地区包括美属萨摩亚、库克群岛、斐济、法属玻利尼西亚、关岛、基里巴斯、马绍尔群岛、密克罗尼西亚、瑙鲁、新喀里多尼亚、纽埃、北马里亚纳群岛、帕劳、巴布亚新几内亚、皮特凯恩群岛、萨摩亚、所罗门群岛、托克劳、汤加、图瓦卢、瓦努阿图以及瓦利斯与富图纳群岛等。

为 29.06 亿美元，向太平洋岛屿地区出口额为 52.74 亿美元。[①] 2014 年中国对太平洋岛屿地区投资总额为 3782 万美元，较上年增长 216.8%，累计投资额为 10.20 亿美元，较 10 年前增加 10.03 亿美元。[②] 太平洋岛屿地区成为中国对外贸易和投资增长最快的地区之一。

（三）　中国与太平洋岛国的机制化合作

随着中国与太平洋岛国关系的深入发展，双方合作逐步迈上了机制化轨道，并不断取得一些新的进展。目前，中国与太平洋岛国建立的合作机制主要包括以下两种。

一是中国 – 太平洋岛国经济发展合作论坛。2006 年 4 月，"中国 – 太平洋岛国经济发展合作论坛"首届部长级会议在斐济楠迪成功举办，时任中国总理温家宝代表中方宣布了支持岛国经济发展的一系列重大举措。2013 年 11 月，第二届"中国 – 太平洋岛国经济发展合作论坛"在广州举行。中方在此次论坛上进一步提出支持岛国重大项目建设、支持岛国扩大对华出口、支持岛国开发人力资源、支持岛国开拓中国旅游市场、支持岛国发展医疗卫生事业、支持岛国发展农业生产、支持岛国保护环境和防灾减灾等政策举措。[③]

二是太平洋岛国论坛会后对话会。自 1989 年中国开始受邀出席太平洋岛国论坛领导人会议结束后的对话会议后，中国一直积极参与这一对话机制，并为双方关系发展发挥了重要作用。2015 年 9 月，第 27 届太平洋岛国论坛会后对话会在巴布亚新几内亚首都莫尔斯比港举行，中国 – 太平洋岛国论坛对话会特使杜起文代表中国政府出席并阐述了中方在气候变化、渔业、信息通信技术互联互通等问题上的立场，提出中方愿在气候变化国际谈判中同岛国加强对话，并继续帮助岛国提升应对气候变化的能力，继续支持岛国实现经济社会发展。

二　中国 – 太平洋岛国关系的新机遇

（一）　战略对接迈入新阶段

2010 年以来，中国领导人同太平洋岛国领导人在双边和多边场合多次

---

① 统计数据来自 WTO 贸易数据库。
② 根据 CEIC 数据库数据计算。
③ 《汪洋出席中国 – 太平洋岛国经济发展合作论坛并发表主旨演讲》，《人民日报》2013 年 11 月 9 日，第 3 版。

举行会见，并就双方关心的地区和国际问题交换意见，加深了彼此之间的了解和信任，并为相互之间的进一步合作奠定了基础，尤其是 2014 年习近平主席的南太平洋之行。在这次出访过程中，习近平主席访问了斐济，并同其他建交小岛国领导人一一举行了会晤，推动双方关系进入新的发展阶段。与此同时，中国与太平洋岛国战略对接迈入新的阶段。

在中国提出"全面建成小康社会、全面深化改革、全面依法治国、全面从严治党"战略布局以及"一带一路"建设倡议之际，南太平洋国家也加紧实施发展战略，甚至制定了新的战略规划。在太平洋岛国方面，各国正致力于落实 2004 年太平洋岛国论坛首脑会议提出的旨在推进地区合作和一体化的"太平洋计划"，促进和扩大南太平洋地区在经济增长、可持续发展、良政建设和安全等领域的合作。此外，斐济等太平洋岛国正在制定国家发展战略。

由此可见，在政治和战略上，当前中国与太平洋岛国之间的相互信任不断加深，并且双方发展战略高度契合，对接空间十分广阔。尤其是在基础设施建设和产能、装备合作方面，双方具有巨大的合作潜力。

（二）贸易合作拓展新空间

在双方共同努力下，中国与太平洋岛国之间的经贸合作屡屡取得重大突破。尽管目前中国尚未与任一太平洋岛国签订自由贸易协定，但双方都积极为促进双方经贸关系创造新的条件。

2013 年 11 月，中国副总理汪洋在第二届中国－太平洋岛国经济发展合作论坛上提出了一系列促进双方货物和服务贸易的措施。例如宣布给予太平洋岛国中的最不发达国家 95% 的出口商品零关税待遇，支持岛国企业来华参加各类展会和推介活动，为岛国的优势产品进入中国市场创造便利条件；协助岛国来华举办旅游推介活动，鼓励更多中国公民赴岛国旅游；适时商签双边航空运输协定，鼓励航空企业开辟直航线路等。[1]

2014 年 11 月，习近平主席在楠迪同斐济、密克罗尼西亚、萨摩亚、巴布亚新几内亚、瓦努阿图、库克群岛、汤加、纽埃等 8 个建交太平洋岛国领导人举行集体会晤，并宣布支持岛国经济社会发展的一揽子计划，将

---

① 《汪洋出席中国－太平洋岛国经济发展合作论坛并发表主旨演讲》，《人民日报》2013 年 11 月 9 日，第 3 版。

给予最不发达国家 97% 税目的输华商品提供零关税待遇。这一政策有利于太平洋岛国扩大出口市场，并提升双方经贸关系。此外，中国与斐济还探讨了签订自由贸易协定的可行性。2015 年 11 月 4～5 日，中国和斐济自由贸易协定联合可行性研究第一次工作组会议在斐济楠迪举行，双方就联合可行性研究报告提纲、职责范围及下一步工作安排等交换了意见。

（三）投资合作创造新抓手

"一带一路"倡议提出后，基础设施建设成为中国对外投资合作的重要领域之一。在基础设施建设合作方面，中国相比太平洋岛国拥有资金和技术优势，而太平洋岛国拥有市场和需求，双方合作的互补性很强。并且，中国还出台了一系列新的措施为太平洋岛国基础设施建设提供便利。

2013 年 11 月，中国提出向与建交的太平洋岛国提供 10 亿美元优惠性质的贷款，用于建设重大生产型项目、基础设施和民生工程。与此同时，中国国家开发银行设立 10 亿美元专项贷款，用于支持岛国基础设施建设。[①] 2014 年 11 月，国家主席习近平在斐济《斐济时报》和《斐济太阳报》发表题为"永远做太平洋岛国人民的真诚朋友"的署名文章。文章称，中国将继续在力所能及的范围内为太平洋岛国提供支持和帮助，鼓励更多中国企业参与岛国投资合作，帮助岛国解决最现实、最迫切的问题。[②]

（四）金融合作增加新平台

2016 年 1 月 16 日，由中国提出创建的开发性区域金融机构——亚洲基础设施投资银行（以下简称为"亚投行"）开业仪式在北京举行。作为现有机制的补充，亚投行的主要业务是为亚太地区国家的基础设施建设提供援助，将致力于解决亚洲地区存在的基础设施建设瓶颈问题。亚投行正式成立并开业，将有效增加亚洲地区基础设施投资，多渠道动员各种资源特别是私营部门资金投入基础设施建设领域，推动区域互联互通和经济一体化进程，也有利于改善亚太地区的投资环境，创造就业机会，提升中长期发展潜力，

---

① 《汪洋出席中国－太平洋岛国经济发展合作论坛并发表主旨演讲》，《人民日报》2013 年 11 月 9 日，第 3 版。

② 《习近平在斐济媒体发表署名文章》，新华网，2014 年 11 月 21 日，http：//news. xinhuanet. com/world/2014－11/21/c－1113342112. htm。

从而为经济增长带来积极提振作用。

尽管目前亚投行没有太平洋岛国成员，但作为域内地区，太平洋岛屿地区在亚投行的业务范围之内，这为太平洋岛国的发展提供了难得的机遇。① 可见，亚投行的成立不仅为中国与澳大利亚、新西兰之间的金融与货币合作搭建了新的平台，也将推动中方与包括太平洋岛国在内的整个南太平洋地区在基础设施建设、贸易与投资等更加广泛的领域开展深入合作。

（五）人文交流获得新支持

人文交流是"一带一路"的重点领域之一，也是中国与太平洋岛国合作的重要依托。2013 年 11 月，中方宣布在未来 4 年内为太平洋岛国提供 2000 个奖学金名额，帮助培训一批专业技术人员；继续为岛国援建中小学校，并提供汉语教学帮助；继续向岛国派遣医疗队，传授抗疟经验和技术；继续派遣农业、渔业专家，支持岛国发展农业生产。这将为太平洋岛国的长远发展发挥积极作用。

三 中国－太平洋岛国关系的新挑战

（一）国家层面：经济社会发展的环境和条件发生了改变

首先，世界经济复苏缓慢制约了中国与太平洋岛国的外部需求。2008 年国际金融危机已经过去近八年，世界经济仍然行进在缓慢增长通道。2016 年 4 月，国际货币基金组织（IMF）在新发布的《世界经济展望》报告中下调了 2016 年世界经济增长预期，把 6 个月前的预测值下调了 0.4 个百分点至 3.2%。② 这表明，从短期来看，世界经济增长的下行风险增大，无论是投资、消费还是出口，主要经济体均面临较大的改进压力。从中长期来看，世界经济的增速则主要与技术进步与扩散、人力资本、市场规模、制度条件、资源环境约束等变量有关，而这些都不容乐观。在未来较长的一段时期内，金融危机前世界经济 5.5% 以上的增速将难以再现。如不考虑

---

① 根据《亚洲基础设施投资银行章程》，亚洲和大洋洲国家均作为域内国家参与股权和投票权分配。

② IMF, *World Economic Outlook: Too Slow for Too Long*, 2016, p. xv.

突发性的大型全球灾难，世界经济将维持在3.0%～3.5%的中低速增长区间。同时，资源、农产品等大宗商品价格下降给太平洋岛国经济发展带来不利影响。多数太平洋岛国经济主要依赖自然资源和渔业资源。但近年来，铁矿石、农产品等大宗商品价格不断下跌，给太平洋岛国经济带来巨大冲击。

其次，中国经济增长速度放缓掣肘双方合作动能。在过去40年间，中国经济实现了年均近10%的高速增长，创造了世界经济史上的奇迹。作为世界经济的领航者，中国为世界经济的稳步增长做出了重大贡献。但是近年来，全球流动性宽裕、政府支出扩张和新兴市场的整体繁荣等中国经济较快增长的有利条件均已发生变化，一些长期积累的国内经济结构性问题也使经济的持续增长受到掣肘。中国的经济增长速度放缓，也影响了中国对太平洋岛国的产品需求和市场开发。并且，中国与一些发达国家之间在很多方面还存在很大差距，对太平洋岛国的投入必定十分有限，难以与其他大国抗衡，难以完全满足一些岛国发展的需要。此外，台湾问题也是横亘在中国与部分太平洋岛国之间的障碍。

（二）区域层面：大国在太平洋岛屿地区对中国的防范加大

21世纪以来，太平洋岛屿地区在经济、安全和外交等一系列领域出现了一些新的形势，使得太平洋岛屿地区逐步成为国际社会重点关注的地区之一，大国在这一地区的竞争与博弈也随之日益激烈。与此同时，随着中国在这一地区的影响力不断增加，域内外主要大国对中国的防范也日益增加。

太平洋岛国原来一直受西方国家的影响，对澳大利亚、美国、日本等国的依赖都比较大，由于经济上不够独立，政治上就容易受到他国影响。目前，欧盟、韩国、马来西亚、菲律宾、印尼、印度、英国、法国、日本、美国、中国和加拿大等国家和地区组织均为太平洋岛国论坛会后对话伙伴，并十分关注并积极参与太平洋岛屿地区的发展与合作进程。为了加强与南太平洋地区的联系，一些国家还与该地区建立了双边合作机制。例如，1996年10月，日本和太平洋岛国论坛秘书处联合成立太平洋岛屿中心（PIC），次年成立日本－太平洋岛国首脑会议机制，并且每3年举行一次首脑会议。2003年7月，法国与南太平洋国家合作构建了交流与合作的平台——法国－大洋洲峰会，同样每3年举行一次会议。美国利用其在太平洋岛屿地区拥有领地和属地等优势，也积极介入太平洋岛屿地区事务。

近年来，中国加强了与太平洋岛屿地区的经贸往来，加大了对太平洋岛国的援助。但这些实现双方互利共赢、体现中国责任的行动却受到外界的怀疑。澳大利亚洛伊研究所研究显示，2006～2013 年，澳大利亚向太平洋岛屿地区提供了 68 亿美元双边援助，美国提供了 17 亿美元，中国提供了 14亿美元，其中中国向斐济提供了 3.392 亿美元，多于澳大利亚提供的 2.522亿美元。由此，该项研究认为中国正在南太平洋地区挑战澳大利亚的影响力。[①] 夏威夷大学亚太研究中心主任特伦斯·史密斯（Terence Wesley Smith）对此也表示，中国在太平洋岛屿地区日益增长的影响力正在对澳大利亚、新西兰等该地区一些传统大国构成巨大挑战。[②]

因此，包括澳大利亚、新西兰等域内国家在内的全球主要国家对中国在太平洋岛屿地区日益增长的影响力感到担忧，在合作促进该地区发展的同时也加大了对中国的防范。

（三）全球层面：新兴领域的问题与挑战日益加大

近年来，随着全球气候变暖，海平面上升和海浪侵蚀等灾害给南太平洋地区岛国的生存环境造成了巨大的威胁。应对气候变化由此成为南太平洋地区各国经济发展与对外合作的优先议题。为此，14 个太平洋岛国参与成立了小岛屿国家联盟，呼吁国际社会，尤其是发达国家率先采取行动大幅减排温室气体，同时增加经济和技术援助，支持小岛国应对气候变化问题。

近年来，作为最大的发展中国家，中国不仅在环境治理、节能减排、发展绿色低碳技术等方面取得巨大进步，还在主动承担国际责任、积极参与国际对话、支持发展中国家应对气候变化、推动全球气候谈判、促进新气候协议的达成等方面做出了积极贡献。但由于仍保持较高的温室气体排放总量，中国一直受到部分太平洋岛国的指责。尽管中国为减少温室气体排放做出巨大努力，但与这些国家的要求仍存在一定差距。气候变化问题也因此成为中国处理与太平洋岛国关系的障碍因素。

---

① 《中国加大对南太平洋国家援助被指或挑战澳影响力》，环球网，2015 年 6 月 12 日，http://finance. huanqiu. com/cjrd/2015－06/6666430. html。

② 王泳桓：《中国增加对南太平洋岛国援助，有望超越日本成第三大援助国》，澎湃网，2015年 3 月 4 日，http://m. thepaper. cn/newsDetail_ forward_ 1307394。

四　中国与太平洋岛国关系的前景展望

中国与太平洋岛国政治关系总体稳定，经济互补性日益显现。随着双方伙伴关系的发展与升级以及"21世纪海上丝绸之路"建设的推进，中国与太平洋岛国关系的发展前景广阔。展望未来，中国与太平洋岛国关系将会继续保持良好发展势头。

首先，稳定的政治关系仍将是中国与太平洋岛国关系的基石。2014年11月，习近平主席访问斐济期间，将中国与太平洋岛国关系定位为相互尊重、共同发展的战略伙伴关系。这为双方政治关系的未来发展确定了方向。尽管太平洋岛屿地区国家规模不一，发展阶段迥异，部分国家政治环境复杂，但双方都拥有加强高层交往、增加政治互信、创造良好的政治环境的强烈意愿。为此，中国应着眼于国际政治经济发展大势，把握该地区独特的政治经济环境，充分发挥高层对话的作用，加强在国际事务中的协商与合作，扩大双方在全球和地区问题上的共识，合理照顾彼此在国际社会中的重大关切，寻求更多的利益交汇点，为双方关系的发展营造友好的政治与社会环境。

其次，共同的发展诉求将推动双方经贸合作迈上新的台阶。当前，国际金融危机的负面影响还没有消除，中国和太平洋岛屿地区的经济复苏仍面临各种挑战，双方的经贸合作将是各自经济增长的重要支撑点。随着中国对太平洋岛国免税税目的比例不断提升，中国与太平洋岛国之间的经贸关系将得到进一步发展和深化。并且，一旦中国－斐济自由贸易区谈判取得突破性进展，这将对整个太平洋岛屿地区起到十分重要的示范作用，无疑会促进中国与太平洋岛国经贸关系的全面提升。

最后，战略对接的深入将为双方创造新的发展与合作动力。作为"21世纪海上丝绸之路"的沿线国家，太平洋岛国与中国拥有较多的利益契合点，发展战略对接领域的不断拓展和深化不仅能够为双方带来切实利益，还能创造更多的发展与合作机遇。因此，当前应加强"一带一路"与太平洋岛国发展战略的对接并在战略对接的框架下开展一些符合各自战略需要的合作项目，推动双方合作向全方位多层次方向发展。

China – PICs Relations: Achievements, Opportunities and Challenges

XU Xiujun

Abstract: In recent years, China – PICs (Pacific Island Countries) relations have achieved a lot due to the stable diplomatic environment. In the background of the 21st-Century Maritime Silk Road, China and the PICs have been deepening their cooperation and expanding their common interests. Although the current China's peripheral diplomacy in Pacific Island region still faces many challenges, the stable political relations will continue to be the cornerstone of China's diplomacy with neighboring countries in the region, and the strategic connection between the two sides will further create more opportunities for their development and cooperation, so as to promote the relations between China and the PICs to maintain a good momentum of development.

Keywords: Pacific Island Countries; China's Peripheral Diplomacy; the 21st – Century Maritime Silk Road

"和平队"与美国在斐济的软实力及其对中国的启示[*]

吕桂霞[**]

摘要： 自 1968 年美国和平队进入斐济以来，2455 名和平队志愿者分布在斐济各地，充当教师、医生、培训师、政府部门顾问等，为斐济的文化教育、医疗卫生、农村发展和环境保护等做出了重大贡献。同时，和平队的活动也改善了美国人在斐济的形象，提高了斐济人民对美国的认知，增强了美国在斐济的软实力。在借鉴美国和平队经验的基础上，结合本国国情，中国应继续奉行不干涉他国政治的原则，尊重当地传统习俗和文化，走进民众，贴近生活，同时建立健全志愿者选拔、培训、派遣及激励机制，推动对外援助事业的发展，进一步提升中国在斐济和其他太平洋岛国的软实力。

关键词： 美国　和平队　斐济　软实力

美国"和平队"是根据 1961 年《和平队法》成立，由美国政府向亚、非、拉地区派遣执行其"援助计划"的服务组织。尽管它不像美国国务院那样公开为其对外政策进行辩护，也不像美国军队那样为维护其国家利益随时出动，但作为美国对外关系中的一支重要力量，和平队以一种不用枪炮、不用高压政治甚至没有营利动机的方式，通过向发展中国家提供教师、医生、护士和各种技术人员等中等人力资源，帮助发展中国家的经济社会发

---

*　本文为国家社科基金重点课题"太平洋岛国研究"（15AZD043）阶段性成果。

**　吕桂霞，博士，聊城大学历史文化与旅游学院教授，太平洋岛国研究中心研究员。

展，改善美国形象，增强美国对发展中国家的吸引力，并服务于美国的外交战略和国家利益。

美国和平队自 1968 年开始进入斐济，至今已有 49 年的时间。在这 49 年间，2455 名和平队志愿者分布在斐济各地，[①] 充当教师、医生、咨询师、培训师、计算机程序员、政府部门顾问等，为斐济的教育、农村发展、卫生保健、小企业发展、城市发展和环境保护等做出了重大贡献，也改善了斐济人民对美国的认知，增强了美国在斐济的软实力。本文主要介绍和平队在斐济的概况、发展演变过程、主要活动和影响等，并就其对我国的启示进行深入思考。

一　"和平队"在斐济的缘起及发展

1. 和平队在斐济的简史

和平队自 1968 年开始为斐济人民服务，最初的 57 位志愿者被分派到教育、农村发展和卫生保健三个领域，重点是在中学教数学、科学和社会科学。

1977 年，随着斐济政府"八点发展计划"（the Fijian Government Development Plan Eight）的提出，和平队在斐济的项目开始转向农村社区发展，包括钢丝网水泥储水器建设（ferrocement water tank construction）、幼儿园建设、卫生保健及营养教育等。

1983 年，政府的优先发展方向变得更加错综复杂，但重点是技术，因此和平队志愿者们纷纷从农村转向城市，城市发展成为和平队在斐济项目的重点。此外，和平队队员们也从事青年发展、健康教育、社会福利以及合作社运动。这种情况一直持续到 1987 年。

1987 年，因为种族矛盾，斐济接连发生两次军事政变，最终成为共和国。斐济对和平队的需求也随之发生了变化，和平队重新评估和调整已有项目，于 1988 年发展了小企业发展、集成家庭食品系统（integrated family food systems）、淡水渔业、教育和管理规划咨询项目；1989 年，开始实施合作项目；1990 年，实施计算机程序设计员与计算机教师项目；1992 年，又将教师培训师项目引入教师培训学院。1998 年，因为斐济对训练有素的教师与

---

① 美国和平队网站，https://www.peacecorps.gov/fiji/.

开发人员的需求已经得到满足，所以和平队在斐济的项目宣告结束。

五年后，即 2003 年，随着全球环保意识的增强，斐济政府认识到其周围巨大的海洋资源（41200 平方公里）和森林资源具有高度多样性，这对斐济人民的生活和食品安全尤为重要，政府急需关注环境安全，因此，和平队应斐济政府的请求重返斐济，主要执行新的任务——环境保护，以帮助斐济完成其对 1992 年里约热内卢地球峰会期间制定的《生物多样性公约》（the Convention on Biological Diversity）的承诺。[①]

总之，和平队在斐济的项目以教育为主，同时侧重医疗卫生、农村发展、城市发展、青年发展和环境保护等。不同时期和发展阶段，斐济政府的需求不同，和平队在斐济的项目重点也随之发生变化。

2. 和平队在斐济的法律依据

由于美国和平队在斐济的活动既涉及英国殖民时期的斐济，也涉及独立后的斐济，因此其法律依据有二。

其一是 1968 年 6 月 25 日美国领事路易斯·J. 林克（Louis J. Link）与斐济总督德里克·杰克韦爵士（Sir Derek Jakeway）签署的《美国与斐济关于和平队的换文》。该换文对两国政府的责任和义务、和平队队员的待遇及履职方式、协定的生效与终止等做出了明确规定，是英国殖民时期和平队在斐济活动的重要法律依据。

其二是 1972 年 4 月 25~27 日斐济总理和外交部长卡米塞塞·马拉（Kamisese Mara）与美国代理国务卿约翰·尼科尔·欧文二世（John N. Irwin Ⅱ）共同签署的《美国与斐济关于继续 1968 年和平队项目协定的换文》。独立后的斐济政府"对 1968 年 6 月 25 日斐美两国政府关于和平队的换文进行审查，确认该换文虽然签署于斐济独立之前，但独立后仍然有效"。该换文是斐济独立后美国继续派遣和平队的法律依据。

二　"和平队"在斐济的活动及特点

自 1968 年和平队开始在斐济服务，志愿者们活跃在斐济的教育、经济、医疗卫生、环境保护等多个领域，活动也呈现出鲜明的特点，具体表现在如下几个方面。

---

① U. S. Peace Corps, *Host Country Impact Study*: *Fiji*, Penny Hill Press, 2016, p. 17.

1. 教育援助是和平队在斐济的重中之重

美国和平队进入斐济伊始，教育援助就是志愿者们的主要任务。从人数上看，从事教育活动的志愿者占据多数，尤其是在最初的 10 年。以 1973 年美国在斐济的和平队志愿者为例，截至 1973 年 6 月 30 日，和平队在斐济的志愿者共计 115 人，其中女性 35 人，男性 80 人，教师仍然是和平队项目的支柱，占全部援助项目人数的 76%（参见表 1）。从 1977 年开始，虽然和平队的侧重点转向农村社区发展，但教育援助仍然是和平队的主要任务。

表 1　1973 年和平队在斐济的项目

项目类型	人数占比（%）	项目类型	人数占比（%）
农业与乡村开发	5	卫生保健	1
企业与公共管理	9	城市发展与市政工程	6
教育	76	其他	3

资料来源：Peace Corps Annual Report 1973，p. 96。

从时间上看，和平队对斐济的教育援助从 1968 年一直持续到 1998 年。在这长达 30 年的时间里，教育援助一直是和平队工作的重要内容，直到 1998 年斐济政府与和平队共同评估，确认教师数量能够满足斐济需要之后，和平队才结束了对斐济的教育援助。

从内容上看，援助涉及教育领域的方方面面。志愿者们既要亲自教授中学数学、科学、物理、化学、生物和会计学等课程，也要自己设计教学大纲与课堂补充材料；[1] 既要研发实用计算机课程，又要对斐济教师进行数学、英语和计算机科学等方面的培训；[2] 既要在斐济逐步建立研究实验室，又要充当图书管理员；[3] 既要在学校教授环境课程，又要为政府制订环境教育计划，并组织学生清除垃圾、安置垃圾桶。[4]

志愿者们不仅关注正规教育，而且关心职业培训；不仅关注在校学生，而且关心失学青少年；不仅关注小学、中学和大学教育，而且积极帮助斐济筹建幼儿园，关心学前教育；不仅亲自在学校从事教学，而且传授学生手工

---

[1]　Peace Corps Annual Report 1990，p. 78.
[2]　Peace Corps Annual Report 1994，p. 119.
[3]　Peace Corps Annual Report 1996，p. 88.
[4]　Peace Corps Annual Report 1997，p. 97.

艺和与农村生活有关的家政技能。

2. 扎根基层，积极融入斐济社会

由于和平队在最初设计时就是面向发展中国家，且是作为美国对外援助的补充而存在的，它力图通过"人对人"（people to people）的交往，通过志愿者的亲身示范，帮助受援国的经济社会发展，改善美国的形象，因此派往斐济的和平队志愿者除了最初阶段集中在首都苏瓦之外，多分散在斐济的偏远地区，比如外岛和农村。

尽管生活条件十分艰苦，但原本生活优越的绝大多数和平队志愿者们却没有怨言，他们与当地居民同吃共住，以符合当地习惯的方式与不同社区团体、青年和领导人交往，积极融入当地生活。他们尊重斐济当地的风俗习惯，学讲方言，坚持斐济的生活方式，如参加教会活动等，并把自己看作他们中的一员。[1] 例如，1997 年一位志愿者帮助一位农民把他的养殖场从一个小池塘扩展到 5 个。这些池塘为这个农民及其家人增加了收入，并提供了工作。[2] 再如，2015 年 1 月 ~ 2016 年 12 月在斐济服务的和平队志愿者卡莉·秀塔（Carly Siuta）与丈夫居住在一个人口不足 1500 人的外岛村庄，那里只有极少数的便利设施，每天只有几个小时的供电，食物全部靠自给。除正常工作外，卡莉每天与朋友和邻居们在微风吹拂的海边、芒果树下"talanoa"[3]，分享自己的经历，有什么困难也坦诚地告诉他们。[4] 为了增加收入，1984 年两位养蜂志愿者建了一座蜂蜜加工厂，处理 200 个蜂房的蜂蜜，为他们所在的村庄带来大约 3 万美元的收入。[5]

3. 关注卫生保健、经济发展和环境保护，成效显著

美国和平队在斐济的项目不仅涉及教育领域，而且涵盖卫生保健、经济发展、环境保护等诸多领域。

在卫生保健领域，最初和平队志愿者主要是为斐济培养训练有素的护理人员，待护理人员供应充足后，又把重点转向培训初级卫生保健工作者，并积极援助了农村社区的初级卫生保健项目，包括给排水工程和卫生设施。[6]

---

[1] U. S. Peace Corps, *Host Country Impact Study*: *Fiji*, p. 51.

[2] Peace Corps Annual Report 1997, p. 97.

[3] "talanoa" 是斐济特有的传统，即大家坐在一起说笑。

[4] Carly Siuta, "City Year to Peace Corps: Appreciate the Journey," Jun. 25, 2015, https://www. peacecorps. gov/stories/city - year - to - peace - corps - appreciate - the - journey/.

[5] Peace Corps Annual Report 1986, p. 63.

[6] Peace Corps Annual Report 1988, p. 67.

健康教育志愿者通过为当地护理人员和社区保健人员提供在职培训，完善了对妇女产前和产后阶段的照顾，改善了斐济的妇幼保健体系。他们还与斐济艾滋病毒／艾滋病工作队（Fiji's HIV／AIDS Task Force）一起，推动斐济的艾滋病防治工作，并通过性病／艾滋病教育和意识项目（the STD／HIV Education and Awareness），加强对斐济农村青年的健康教育。[1]

在经济领域，和平队既不遗余力地推动斐济经济的发展，又想方设法增加民众的收入；既聚焦农村经济发展，又设法减少城市与农村居民在社会经济发展进程中的差异；既大力培养技术人才，又积极推动小企业发展。具体表现为以下几个方面：在农业方面，他们帮助当地居民开展食品加工、家庭菜园和家禽项目，同时也在经济作物如可可、杨格纳（卡瓦树）等的种植方面提供帮助；在渔业方面，加强海洋渔业和淡水渔业项目，从池塘建设和维护，到鱼类产卵、捕获和市场调查，无不亲力亲为；在基础设施方面，他们不仅参与道路、桥梁和防波堤的建设，而且还带领当地民众修建简单的路边巴士候车亭、吊桥、道路和小型建筑物，提高斐济人的基本施工技能。[2] 为了推动斐济小企业的发展，志愿者们与发展银行（the Development Bank）、扶贫机构（Poverty Alleviation Unit）、"青年成就"（Junior Achievement）、青年部以及妇女和文化部一起，向小企业所有者提供建议与技术支持，[3] 并与斐济开发银行合作，积极向小企业所有者提供贷款。

在环境领域，志愿者们不仅在学校教授环境课程，而且亲自带领学生清除垃圾、安置垃圾桶。2003 年和平队重返斐济后，针对斐济的《生物多样性国家战略和行动计划》（the National Biodiversity Strategy and Action Plan，简称 NBSAP），实施《斐济综合环境资源管理项目》（Fiji Integrated Environmental Resource Management Project），着重提高个人的环保意识和在自然资源管理方面的能力，提高环保教育工作者的技能，建设环境安全的社区网络。[4]

三 "和平队"活动对美国在斐软实力的影响

众所周知，"软实力"是 20 世纪 90 年代初美国著名政治学家约瑟夫·

---

① Peace Corps Annual Report 1998, p. 95.
② Peace Corps Annual Report 1973, p. 96.
③ Peace Corps Annual Report 1997, p. 97.
④ U. S. Peace Corps, *Host Country Impact Study*: *Fiji*, p. 18.

奈提出的概念，意指依靠吸引力而非通过威逼或利诱的手段来达到目标的能力。不过，早在20世纪60年代，和平队已在事实上担负起向全世界展示美国"软"性实力的任务，即美国不仅拥有世界上最强大的政治、经济和军事力量，同时还拥有世界上最好的价值观念体系。① 著名学者周琪也认为，"和平队从建立之日起，就如同美国对外援助一样，被当作软实力资源来使用"。② 为了对和平队的活动效果进行评估，从1975年开始，和平队就建立起了每两年进行一次调研的机制，2009年开始修改为每年调研一次。

2008年，和平队战略信息研究和计划办公室（the Peace Corp's Office of Strategic Information，Research，and Planning，简称 OSIRP）根据美国政府管理和预算办公室（the Office of Management and Budget，简称 OMB）的指令，就和平队队员实现目标的情况进行了一系列的评估。斐济和平队的效果评估由普利亚·切特尔（Priya Chattier）博士领导进行。评估之前，和平队战略信息研究和计划办公室已经确定了和平队 2005～2010年在斐济活动的 97个点，评估小组随机抽取样本，从 2010年11月～2011年1月，对斐济的 19个社区，包括31位合作伙伴、78位受益人、42位接待家庭成员以及37位利益攸关者，进行了189次半结构性的访谈（semi-structured interview）。这些访谈对象既有当地酋长和村民，也有教师和小企业所有者；既有妇女组织成员、青年组织成员，也有教会组织成员、卫生委员会成员和保健人员；既有部门领导和工作人员，也有非政府组织人员——可以说具有广泛的代表性。通过评估，他们发现和平队在斐济的工作，极大地改善了美国在斐济的形象，增强了斐济人对美国的了解，也传播了美国的文化与价值观。

1. 改善了美国在斐济的形象

二战后，由于美国国内存在着严重的种族歧视和种族隔离制度，美国蔑视发展中国家，不断干涉这些国家的内政，从事颠覆左翼政府的活动；再加上美国在发展中国家外交官的奢侈生活、其对所在国的恩赐态度以及对当地文化的不尊重，使得美国在发展中国家的形象每况愈下，"丑陋的美国人"成为这一时期美国在这些国家人民心中的形象。③ 1959年，人类学家爱德

① 刘国柱：《和平队与美国文化外交》，《学海》2009年第3期，第160页。
② 周琪：《作为软实力资源的和平队重受美国政府重视》，《美国研究》2011年第2期，第40页。
③ William Lederer and Eugene Burdick, *the Ugly American*, New York：W. W. Norton & Company, 1958, p. 285.

华·T. 赫尔在《寂静的语言》一书中也写道："虽然美国在外援计划上花了数亿美元，但他既未受到全世界的喜欢，也未得到其尊重。今天，在许多国家，人们是真正地不喜欢美国人；在其他地方，只是容忍美国人。"① 美国在斐济的形象也同样如此。不过，和平队的到来及他们在斐济的活动，极大地改善了美国在斐济的形象。

在和平队志愿者未进入斐济之前，许多斐济人基于电视、电影、互联网和对赴斐旅游的美国人的印象，认为美国人是粗鲁、暴力、富有且具有侵略性的白种人。与和平队志愿者共事之后，斐济受访对象认为美国人独立、聪明、工作努力，许多人回忆起二战时与美国军人共同作战的经历。还有些受访对象表示在与和平队志愿者互动以后，他们认为美国人诚实而富有同情心，沟通透明，积极参与实践。项目合作伙伴与受益人认为，和平队志愿者尊重他人，富有责任心，而在与志愿者互动后他们跨文化工作的能力得到提高。其中一个接待志愿者的家庭成员表示："虽然我从来没有想过美国有什么特别，但是现在我觉得如果（其他国家）都像美国一样，世界将会是一个友好的地方。"②

2. 提高了斐济民众对美国的认知

根据调查，在与和平队队员共事之前，31 个合作方中只有 4% 对美国人有全面了解，19% 的合作方对美国人不了解。在与和平队队员共事之后，全面了解美国人的合作方上升到 23%，而不了解的则下降为 0。对 78 名受益人的调查结果显示出同样的趋势，具体详见表 2。

表 2　与和平队队员接触前后斐济人对美国人的了解程度

单位：%

了解程度	合作方		受益人	
	前	后	前	后
全面了解	4	23	10	37
一般了解	29	32	47	49
有限了解	48	45	22	8
不了解	19	0	21	6

资料来源：U. S. Peace Corps, *Host Country Impact Study*: *Fiji*, pp. 62 - 63。

---

① 小莫尔第墨·阿得勒：《美国年鉴：第 13 卷》，芝加哥，1976，第 63 页。

② U. S. Peace Corps, "Host Country Impact Study: Fiji," http://peacecorps.gov/multimedia/pdf/opengov/PC_ Fiji_ Study_ Summary. pdf.

在更加了解美国的同时，斐济民众对美国的评价变得更加肯定。根据对同样 31 个合作方的调查，在与和平队队员共事之前，19% 的合作伙伴表示他们对美国人的评价有些消极或者非常消极。在与和平队队员共事之后，71% 的合作方对美国人的评价为比较肯定，无一人持否定观点。

项目受益人的情况也如此。在与和平队队员共事之前，受益人中只有 3% 对美国的评价非常肯定，46% 的受益人的评价有些消极或者非常消极。在与和平队队员共事之后，84% 的受益人对美国人的评价为非常肯定或比较肯定，消极地评价美国人的比例从 46% 下降至 2%。

在与和平队队员接触之前，30% 的接待家庭表示他们对美国人的评价有些消极或者非常消极，只有 3% 的接待家庭对美国人的评价是积极的。在与和平队队员共事之后，25% 的接待家庭对美国人的评价非常积极，68% 的评价为比较肯定（参见表 3）。

表 3　与和平队队员接触前后斐济人对美国的评价

单位：%

评价	合作方		受益人		接待家庭	
	前	后	前	后	前	后
非常肯定	13	19	3	16	3	25
比较肯定	32	71	28	68	55	68
既不肯定也不否定	35	10	23	13	13	5
有些消极	13	0	6	1	10	3
非常消极	6	0	40	1	20	0

资料来源：U. S. Peace Corps, *Host Country Impact Study*：*Fiji*，pp. 64 – 65。

3. 传播了美国文化和价值观

和平队志愿者通过身体力行的示范方式，在向斐济民众传授某些专业知识、教授某种技能的同时，也传播了美国的文化和价值观，潜移默化地影响着斐济民众的思维、行为和处事方式。

以斐济综合环境资源管理项目为例，斐济人在学会了自然资源管理与环境卫生管理等技能后，大都在日常生活和工作中使用这些新技能：94% 的合作伙伴表示在社区开发工作中使用这些新的技能，每天使用的占 61%，每周使用的占 26%；82% 的受益人回答说他们也使用这些技能，每天使用的占 68%，每周使用的占 8%（参见表 4）。

表 4　技能在工作中使用频率的人数占比

单位：%

使用频率	合作伙伴	受益人
每天使用	61	68
每周使用	26	8
一月一次	3	5
一年几次	3	1
从不使用	6	18

资料来源：U. S. Peace Corps, *Host Country Impact Study*：*Fiji*, p. 47。

在个人生活中，68%的合作伙伴表示，他们每天都会用到从项目中学到的新技能，16%的合作伙伴表示每周都会用到；78%的受益人每天或每周都会用到，每天使用的占70%，每周使用的占8%（参见表5）。他们在个人生活中使用环境卫生项目的成果，包括对垃圾进行分类和回收、使用垃圾坑、在花园里使用堆肥以及把这些做法教给其他家庭。

表 5　技能在个人生活中使用频率的人数占比

单位：%

使用频率	合作伙伴	受益人
每天使用	68	70
每周使用	16	8
每月一次	10	5
一年几次	3	3
从不使用	3	14

资料来源：U. S. Peace Corps, *Host Country Impact Study*：*Fiji*, p. 47。

和平队队员的这些活动，对于提升美国在斐济的形象，增强斐济人对美国的认知，以及加快美国文化与价值观在斐济的传播发挥了重要作用。事实上，和平队在对象国一直充当先行者的角色，是美国外交的有机组成部分，他们的活动则直接服务于美国的对外战略。正是因为这一点，2014 年 11 月 13 日，正在缅甸出席东盟峰会的美国总统奥巴马宣布设立和平队缅甸项目，[①] 以加强美国对缅甸的影响力，抗衡中国现存的影响力。

---

① Olivia Waring, "Obama Launches New Peace Corps Chapter in Myanmar," http://www. asiamattersforamerica. org/asean/obama – launches – new – peace – corps – chapter – in – myanmar.

四　"和平队"在斐活动对中国提升软实力的启示

改革开放以来，中国的综合国力不断提升，2010 年中国超过日本，成为仅次于美国的全球第二大经济体，且在全球经济停滞不前的情况下，成为全球经济增长的最大贡献者，在解决全球发展问题方面也开始发挥引领作用。中国与太平洋岛国的贸易持续不断增长，2015 年双向贸易额几乎翻了一番，达到 75 亿美元。其中，中国对太平洋岛国的出口翻了一番，由 2014 年的 25 亿美元增长到 50 亿美元。① 然而，在这一组组令人欢欣鼓舞的数字后面，我们也经常看到：国际社会屡屡指责中国更为看重太平洋岛国的资源，② 国外学者包括太平洋岛国学者纷纷指责中国企业不作为，③ 岛国民众对中国游客甚至援助人士不理解、不认可，等等。这一现象的发生，充分说明了我国在大力发展与太平洋岛国经济关系的同时，对岛国的宣传不足，尤其是与太平洋岛国民众之间的交流与互动严重不足，以至于国际社会和岛国民众误解了中国的意图。美国和平队在太平洋岛国的活动及其对美国在斐济软实力的提升，无疑给我们提供了很好的借鉴和启示。赢得人心并进而做到民心相通，应是我们在与太平洋岛国交往或对外援助时的主要目标，为此，我们应该坚持以下几点。

1. 不涉足政治，尊重当地传统习俗和文化

和平队虽然很大程度上是美苏冷战的产儿，但是为了能让发展中国家接受，和平队志愿者基本上不涉足受援国的政治，这一点与我国一贯奉行不干涉别国内政的原则有异曲同工之处。由于我国志愿者是援外人员的一部分，代表国家形象，因此在对其进行必要培训时，应充分强调不涉足东道国的政治的必要性。对于我国的不干涉他国内政的援外方式，斐济总理姆拜尼马拉马给予了高度评价，正如他在 2014 年 11 月 24 日（习近平主席访问斐济期间）接受采访时所说："中国是斐济真正的朋友。中国从来不企图干涉斐济

---

① 《中国与太平洋岛国的贸易在全球经济低迷中逆势增长》，太平洋岛国贸易与投资专员署微信公众号，2016 年 8 月 30 日。

② Terence Wesley-Smith, "Reordering Oceania: China's Rise, Geopolitics, and Security in the Pacific Islands," in *China and the Pacific*, Michael Powels, ed., Wellington: Victoria University Press, 2016, p. 104.

③ Sara Lengauer, "China's Foreign Aid Policy: Motive and Method," in *Culture Mandala: Bulletin of the Centre for East-West Cultural & Economic Studies*, Vol. 9, Issue 2, 2011, pp. 35 –36.

内政，也从未告诉我们国家怎样发展最好。相反，中国总是与我们在一起。那些与我们背道而驰的国家不明白我们对斐济的治国理念和想要达成的目标。"①

在斐济与其他太平洋岛国，有许多独特的文化传统与风俗习惯，如饮卡瓦酒、星期天不干活、不能摸小孩子的头等。这些虽不同于中国的习俗，甚至与中国的习俗相悖，但不管怎样，援外人员一定要尊重当地的传统习俗和文化，努力得到当地人的认可，并尽快融入当地社会。

2. 深入基层，满足民众需要

和平队最重要的特点是深入基层、融入社区，通过点点滴滴的些许小事改变斐济人对美国的认识和看法。例如，修建防波堤和码头，推动村庄的发展；修建人行道，使人们赤脚走在地上不再生病、受伤，特别是在雨天；实行垃圾分类和废物处理，这样不仅蚊子大大减少了，而且与蚊子相关的传染病的发病率也大为降低，挽救了更多斐济人的性命；设立街区监督员以解决争端，减少社区暴力现象；重新安置猪舍、挖掘垃圾坑、循环使用塑料、清洁滨海地区以及保护干净的水源等，极大地改善了斐济的环境卫生状况。②

和平队志愿者们的这些活动，都与斐济民众的切身利益息息相关，而且都是人们能够亲眼看到或亲身体验到的，无须过多宣传，斐济民众对美国的好感就会油然而生。这是我国对外援助中较为缺乏的，也是经常遭到国外学者批评的一点。虽然我们对斐济的援助数额巨大，也受到了斐济官方的称赞，但斐济民众并未深切感受到中国政府与人民的支持与善意。令人高兴的是，近年来，我国政府也已经意识到这一问题，开始关注对民众的援助，但力度仍然有限，需要进一步加强。同时，应强调并鼓励在太平洋岛国的中国企业在注重经济效益的同时，兼顾社会效益，并承担一定的社会责任。

3. 建立健全志愿者选拔、培训、派遣及激励机制

目前，我国志愿者的派遣并没有专门机构管理，也缺乏必要的培训和激励机制。在斐济和其他太平洋岛国，我国的志愿者人数非常少，服务领域极其有限，主要分布在教育、医疗和农业领域，一般由卫生、教育和农业部门在各自分管领域选拔之后直接分别派遣，缺乏必要的针对对象国国

---

① 杨海鹰、路易斯彭：《习近平访问斐济》，凤凰资讯，2014 年 11 月 24 日，http：//news. ifeng. com/a/20141124/42554952_ 0. shtml。

② U. S. Peace Corps，*Host Country Impact Study*：*Fiji*，pp. 32，49.

情、历史、文化、语言和习俗等的培训。同时，激励机制尚未建立，目前我国给予志愿者的待遇大致与孔子学院教师相同，除了必要的安家费、往返机票、配偶补贴以及工资待遇比国内高50%左右以外，对于志愿者回国后的职称评聘、职务晋升、子女入学、继续发展等都缺乏相应的激励措施。

和平队首任队长萨金特·施莱弗（Sargent Shriver）1961年3月在受命组建和平队时就提出："和平队是一个大胆的新设想。它应该做些与众不同的事，不同于美国的任何一种政府机构或组织。"① 虽然这与肯尼迪总统最初的设想并不一致，但由于施莱弗的坚持，和平队最初作为一个半独立机构设在国务院内，并于1981年最终成为美国政府的一个独立机构。

作为一个独立机构，和平队志愿者的选拔、培训和派遣有着严格的规定。就志愿者的选拔而言，志愿者不仅具有良好的政治背景，接受过良好的教育，具备较高的素质，拥有一定的技能和特长，而且其性格和行为稳定，不会影响到其所代表的美国形象。选拔出来的志愿者，除了要掌握基本的农业生产常识、勘测技术、社区发展技能以及教学基本功以外，还要学习东道国的历史文化、风俗习惯和语言等。为了使和平队志愿者尽快了解并掌握斐济语言，目前美国和平队网站还专门开设了"斐济课程"，教授斐济语和印地语②的拼写、发音、词汇等，便于志愿者在工作岗位上使用。③ 事实证明，和平队的这一做法卓有成效，志愿者们能用斐济语和当地人交流，穿斐济人喜欢的衣服，熟知斐济习俗等，使其深受斐济人喜爱。这对于我国的海外志愿者有着重要的借鉴意义。

需要特别指出的是，我们在学习美国和平队在斐济活动的经验时，一定要仔细甄别，认真剖析，辨别哪些东西才是适合我国国情，有利于我国援外事业健康发展的，以使我国在斐济和其他太平洋岛国的志愿者能够赢得民心，获得太平洋岛国民众的理解和支持，也进一步提升我国在太平洋岛国的软实力。

---

① Gerard T. Rice, *The Bold Experiment*: *JFK's Peace Corps*, University of Notre Dame Press, 1985, p. 91.

② 目前英语、斐济语和印地语是斐济的官方语言，土著斐济人和印度裔斐济人是斐济两大民族，两者占斐济人口总数的90%以上。

③ Peace Corps Fijian Courses, https://www.livelingua.com/project/peace-corps/Fijian/.

Peace Corps, the Soft Power of the United States in Fiji and its Enlightenment to China

LV Guixia

Abstract: 2,455 Peace Corps volunteers have served in Fiji since the program was established in 1968. As teachers, doctors, trainers or government advisers, they have made important contributions to Fiji's educational, medical and rural development as well as its environmental protection. At the same time, with the help of Peace Corps volunteers, the image of Americans in Fiji has been improved, and the soft power of the United States in Fiji has been strengthened. China should continue to pursue the principle of non-interference in the politics of other countries, respect local traditional customs and culture, and build close contact by means of people-to-people communication. In addition, China should establish both sound institutions for the volunteer selection, training and dispatchment and effective motivation mechanism so as to promote the development of China's foreign aid and to strengthen China's soft power in Fiji and other Pacific Island countries.

Keywords: The United States; Peace Corps; Fiji; Soft Power

太平洋岛国报纸上的中国形象[*]

——以巴新、萨摩亚、斐济报纸为中心的考察

赵少峰[**]

摘要： 太平洋岛国位于"21世纪海上丝绸之路"的南线，"一带一路"倡议成为进一步密切中国与岛国关系的重要纽带。中国是太平洋岛国重要的贸易伙伴，也是南太平洋地区最大的援助国之一。然而，岛国报纸对中国援助活动的反应存有差异，一些地区观察家、政府官员甚至对中国的援助表现出了"忧虑"，担心中国会取代美国及其盟国的地位，建立新的地区秩序。报纸上的中国形象直接关系到中国在南太平洋地区的"软实力"。因而，中国政府要加深与岛国政府的沟通交流，纠正业已存在的偏见认识；要实现与岛国的民心相通，关注岛国基本民生需求；要妥善处理与南太平洋地区域外国家的关系，冷静处理台湾当局在岛国的行为；要为中国企业在岛国投资创造条件，减轻投资企业的负担，提升企业活力和竞争力。

关键词： "一带一路"倡议　21世纪海上丝绸之路　太平洋岛国　报纸　中国形象

在南太平洋地区的14个独立国家中，有8个国家与中国建立了正式外交关系，分别是斐济、萨摩亚、巴布亚新几内亚（简称"巴新"）、瓦努阿

* 本文为国家社科基金重点课题"太平洋岛国研究"（15AZD043）、2017年度国家民委民族研究项目"'一带一路'视域下太平洋岛国民族问题研究"（2017－GME－013）阶段性成果。
** 赵少峰，博士，聊城大学历史文化与旅游学院副教授，太平洋岛国研究中心研究员。

图、密克罗尼西亚联邦、库克群岛、汤加王国、纽埃；有 6 个国家未与中国建立外交关系，它们是图瓦卢、基里巴斯、瑙鲁、帕劳、所罗门群岛、马绍尔群岛。这些国家均位于"21 世纪海上丝绸之路"的南线。报纸作为有重要影响的平面媒体，上达国家元首，下及普通百姓，在太平洋岛国有很大的阅读群体，其深入的评论和关于域外国家的报道对民众的认识具有较大的导向性。推动"21 世纪海上丝绸之路"建设，需要加深对沿线国家的了解和认识，特别是掌握沿线国家政府和民众通过媒体发出的声音。本文以巴布亚新几内亚、萨摩亚、斐济出版的三份报纸为中心，分析报纸所反映的中国形象，为中国扩大在太平洋岛国的影响以及提升"软实力"提出建议。

一　"21 世纪海上丝绸之路"与太平洋岛国

2014 年 11 月，习近平同太平洋岛国领导人举行集体会晤。习近平强调，"国家不分大小、强弱、贫富，都是国际社会平等一员，应相互尊重，平等相待，真诚互助"。① 习近平的讲话得到了太平洋岛国领导人的一致认可。与美国等西方国家的政治援助和军事支持不同，中国与太平洋岛国的"战略伙伴关系"是建立在尊重各岛国自主选择符合本国国情的社会制度和发展道路之上的。中国支持岛国以自己的方式管理和决定地区事务，支持岛国平等参与国际事务，维护自身合法权益。

太平洋岛国远离世界贸易中心，而中方倡导的"21 世纪海上丝绸之路"和提供的援助，能够极大地改善岛国的基础设施建设，有利于太平洋岛国吸引中国游客，促进岛国社会经济发展。与中国建交的 8 个岛国对"21 世纪海上丝绸之路"倡议抱有极大的热情。2015 年 4 月，中国驻巴新大使李瑞佑向巴新总督奥吉奥介绍了中国政府倡导的"一带一路"倡议和愿景，得到了奥吉奥总督的肯定。2015 年 4 月 15 日，太平洋岛国（深圳）投资贸易推介会在广州深圳举行，巴布亚新几内亚驻华大使克里斯多夫·梅罗向嘉宾推介巴新项目，重点是矿产资源。中巴企业都对"21 世纪海上丝绸之路"倡议的实施充满期待。② 2016 年 4 月，巴新驻华使馆邀请一批中国有实力和

---

① 《习近平会见一些太平洋岛国领导人》，新华网，2014 年 11 月 22 日，http://news.xinhuanet.com/politics/2014－11/22/c_ 1113361562.htm。

② 孙锦：《太平洋岛国推介尽显"不一样的精彩"》，《深圳特区报》2015 年 4 月 16 日，第 A7 版。

发展前景的电商前往巴新洽谈贸易合作，以期推动巴新的外贸和出口。萨摩亚驻华大使托欧玛塔认为，"21世纪海上丝绸之路"倡议将会为萨摩亚旅游业提供商机。密克罗尼西亚联邦驻华大使阿基利诺·苏赛亚高度赞扬中国"一带一路"倡议给密联邦引进中国投资带来的机遇，热情介绍密联邦丰富的旅游、农业、渔业、能源资源和投资机会，希望深圳的酒店、餐饮业能到密联邦发展。斐济蟹业有限公司带来一个投资规模约300万美元的蟹类产品项目，汤加带来了一个投资规模约35万美元的椰子油加工项目，等等。

与中国未建交的6个岛国，国土面积小，人口少，经济总量小，市场小，基础设施建设落后。由于国家资源有限，对外交通不便，它们成为国际市场上被忽略的对象，被联合国定为最不发达的国家。这些国家除了拥有优美的环境和丰富的渔业资源，其他可利用资源较少。随着气候变化和海平面上升，自然灾害频发，人们的正常生活受到很大影响。图瓦卢、瑙鲁等国没有淡水资源，饮用水依靠进口水、雨水和淡化海水。除马绍尔群岛和所罗门群岛外，未与中国建立正式外交关系的岛国与中国联系较少，经贸往来数额较低。这些国家受限于国内落后的经济状况，加之中国台湾在当地的"政治投资"，它们对中国提出的"一带一路"倡议了解较少，在它们的政府网站，没有查阅到关于"一带一路"或"21世纪海上丝绸之路"的报道。

中国对太平洋岛国经济的发展具有重要影响，它们需要中国的市场、经济支持和外来援助。但是，由于美国、英国、日本、韩国、印度、澳大利亚、新西兰等国家也在不同程度上扩大了其在太平洋岛国的影响力，再加之中国台湾力保在南太平洋地区的"政治空间"，中国的"一带一路"倡议在太平洋岛国引起的反响并没有像在中亚、东南亚等国家那样强烈。新西兰对中国在太平洋岛国的援助活动表示"质疑"和"指责"，[①] 日本加大了对太平洋岛国的援助，以对抗中国在太平洋岛国的影响。在实施"一带一路"倡议的大背景下，特别是在实现"21世纪海上丝绸之路"的愿景过程中，中国在南太平洋地区面临的形势会越来越严峻。

---

① 《"新舟"入驻汤加遭质疑 谁是"麻烦制造者"？》，环球网，2014年7月3日，http://mil. huanqiu. com/aerospace/2014 - 07/5046598. html。

二 巴新、萨摩亚、斐济报纸上的中国形象

为了分析太平洋岛国平面媒体上中国的形象，笔者选取了巴布亚新几内亚、萨摩亚、斐济三个国家的主流报纸。巴新是太平洋岛国中面积最大、资源最为丰富的国家。斐济是太平洋岛国对外交往的"枢纽"，很多国际组织在该国设有办事处，处理太平洋岛国事务。斐济的报纸在太平洋岛国影响较大。萨摩亚是该地区历史最为悠久的独立国家，是中国在南太平洋地区重点援助国家之一。

（一） 巴新的《信使邮报》

巴新总共有两份报刊，分别为《信使邮报》（Post-Courier）和《国民报》（The National），均使用英文出刊。《信使邮报》创刊于 1969 年，每期由 48 个版面组成，有较大的读者群体。笔者选用的是 2016 年 4 月 25 日的《信使邮报》。

报纸第 28 版和第 29 版对中国的报道有三篇：第一篇是中国驻巴新使馆三秘保证拉姆镍钴矿项目开采者的安全；第二篇是当地政府举办中国在巴新企业联谊会，加强与中国企业的联络；第三篇援引 BBC 的报道，讲的是中国从国外引渡电信诈骗犯，从而导致两岸关系紧张。

在报纸主版出现的企业产品广告有：日本株式会社小松集团的 Komatsu 挖掘机，美国 HBO 电视网、可口可乐、福特汽车、MRL 石油公司、高露洁牙膏，德国彪马，英国的嘉实多，中国鑫源摩托、澳柯玛饮水机、联想电脑，韩国 LG、现代卡车，瑞典伊莱克斯。

在家庭购物 16 页的彩页中，中国的品牌只有海尔冰箱以及香港的 YOVA；日本的电子产品最多，包括夏普、佳能系列产品；美国有胜家 （Singer）、西点电器（Westpoint）、科勒曼户外（Coleman）、星朗收音机 （Staraudio）；澳大利亚有澳大利亚家居用品有限公司旗下的 Breville、Kambrook、Sunbeam 等企业品牌。

（二） 萨摩亚的《萨摩亚观察家报》

萨摩亚的报纸主要是《萨瓦利》（Savali）和《萨摩亚观察家报》（Samoa Observer）。《萨瓦利》是政府周报，于 1904 年创刊，分萨语版和萨

语、英语混合版两种，萨语版主要向农村发行，混合版在首都地区发行，发行量为 4500～5000 份。《萨摩亚观察家报》属于私营日报，只出萨语、英语混合版。报纸前部分为英语版，后部分为萨语版。萨语版主要针对不懂英语的下层民众，一般是将英语版的主要部分翻译为萨语，并附有几页广告。发行量为 2000～3000 份。笔者选用的是 2016 年 8 月 17 日的《萨摩亚观察家报》。

这一期的《萨摩亚观察家报》对中国的报道比较多。第 01 版和第 10 版报道了中国驻萨摩亚大使王雪峰对萨摩亚小学的捐赠活动，标题是"中国投资于萨摩亚的未来"（China Invests in Future of Samoa），报道的内容是"8 月 9 日，驻萨摩亚大使王雪峰夫妇赴萨摩亚萨瓦伊岛，参观了中国政府援建的萨帕帕里小学（Sapapalii Primary School），向该校 30 名小学生颁发中国广东（惠州）友谊奖学金，并捐赠了体育与文具用品。使馆经商处外交官一同参加了相关活动。王雪峰大使向全校师生发表了演讲。他表示，近 40 年来，中国经济社会发展取得了举世瞩目的成就，其中一个重要经验就是高度重视教育，高度重视人才。当前，中国在全面发展自身的同时积极帮助其他发展中国家共同发展，教育领域是中国对外援助的重点。萨帕帕里小学是中国政府援建的小学之一，是中萨友谊结出的又一新成果。王大使说，今天看到小学生们在整洁的教室里安心读书，感到由衷的高兴和欣慰。希望同学们刻苦学习，茁壮成长，将来成为建设萨摩亚和中萨友谊的中坚力量"。

第 26～28 版是"今日中国"（China Today）专版。第 26 版报道了国务院副总理刘延东前往墨西哥进行访问，标题是"中国副总理认为与墨西哥合作潜力巨大"（Chinese Vice Premier Sees Great Potential for Cooperation with Mexico）。第 27 版报道的两篇分别是《中国政府要求官员当面拒绝行贿者的贿赂》（China Asks Officials to Turn Down Bribes in Bribers' Face）和《欣克利角是对中英互信的一次测试》（Hinkley Point "Test of Mutual Trust" between Britain, China）。第 28 版报道的是《中国铁路工程课程向肯尼亚年轻人开放》（China-built Railway Engineering Course Opens New Frontiers to Kenyan Youth）。这四篇报道能够使萨摩亚人对中国的重大动向有所了解。经核实，这四篇报道均来自新华网英文频道。据了解，"今日中国"专版并不是固定栏目，但是会经常出现。

在《萨摩亚观察家报》中汽车广告最多，其中日本的汽车品牌居多，包括丰田、本田、铃木、马自达、斯巴鲁、尼桑、三菱等，另外还有韩国的汽车品牌现代。广告中的其他企业品牌包括日本松下的冰箱、洗衣机，美国的思科系统公司产品、惠普、戴尔、苹果、微软、麦当劳，瑞士 veeam 软件公司，中国华为宽带交换机，新加坡 Akira 公司空调，中国香港 Boutique 品牌等。

（三）斐济的《斐济时报》

斐济的英文报纸主要有《斐济时报》（The Fiji Times）、《每日邮报》（Daily Post）、《斐济太阳报》（Fiji Sun）；中文报纸有《斐济日报》和《斐济华声报》；主要杂志有《岛国商务》和《太平洋岛屿》。

《斐济时报》是斐济发行量最大的报纸，也是斐济迄今为止运营时间最长的报刊，隶属于 1869 年成立的斐济时报公司。《斐济时报》有 56 个版面，主要包括国内外新闻、政治、体育、社会、商业和专题等内容。笔者选用的是 2016 年 6 月 29 日的报纸。

在本期报纸中，笔者使用 China 一词检索，出现两个结果：一是外国运河使用中国的古运河名字命名，二是斐济的一个电视节目涉及 China；使用 Chinese 一词检索，出现两个结果：一是美国女歌手 Lady Gaga 与达赖会面，二是中国商人在斐济设立了运动健身中心。

从企业广告内容来看，有日本的尼康、索尼、安桥音响，韩国起亚汽车，美国柯达相机等，没有中国品牌的广告。

从以上三份报纸的内容和对中国的报道，我们可以得出以下结论。

第一，岛国报纸上的新闻报道以岛国本土新闻为主，对世界新闻的关注主要集中在域外的大国事件和同属大洋洲的澳大利亚、新西兰。

第二，岛国报纸对域外国家、地区进行报道，多因外国或域外地区对岛国进行援助，援助行为涉及岛国生计、环境、医疗、教育等方面。如，巴新报纸称印度总理莫迪的访问是"历史性访问"，并且用黑体字介绍印度是"世界上第七大经济体""第二人口大国""人口最为稠密的民主国家"。原因在于莫迪的访问为该国捐赠了治疗艾滋病的设备，并在巴新建立了制药中心。同样，《萨摩亚观察家报》第 04 版对日本给予的环境保护支持进行了整版报道，标题是"气候变化中心正在行动"（Climate Change Centre Moves），文章认为日本成立的气候变化基金会为萨摩亚以及其他太平洋岛国应对气候变化提供了极大帮助。澳大利亚对萨摩亚大学进行了图书捐赠，报纸使用了 3/4 的篇幅对此进行了全面报道。

第三，中国在太平洋岛国的"行动"依然面临该区域外其他国家的挑战。澳大利亚、新西兰具有地缘优势，与太平洋岛国关系紧密，这不用赘言。美国、日本、韩国、印度、英国在该地区的影响同样不容忽视。笔者使用不同国家名字在同一期《斐济时报》中进行检索，澳大利亚出现 9 次，日本出现 6 次，韩国出现 3 次，中国出现 2 次。这也基本代表了该区域外的大国对太平洋岛国的关注程度。

第四，中国产品在太平洋岛国的竞争力不强。从上述数据分析可知，中国企业品牌产品在太平洋岛国的影响力不及日本、韩国、澳大利亚的产品。当然，出现这种现象是由多方面因素造成的，但是，企业产品的质量是其中一个重要因素。巴新马当省在中国企业联谊会上要求中国企业保证销售产品的质量，[①] 由此亦可以看出，岛国对企业产品质量的要求。笔者调研得知，日本汽车、电子产品在岛国具有良好的市场，这与日本多年来注重产品质量奠定的信誉有关。民众一旦习惯了某个产品，其他企业产品很难进入这一市场。

第五，太平洋岛国在中国台湾问题上的认识存在偏颇。太平洋岛国的网络和平面媒体上，经常并列使用 Chinese、Taiwanese，甚至在讲到中国台湾时有时会使用 ROC 简称，这样无形中会造成当地民众的误解。岛国对中国台湾问题的认识还有待进一步纠正。

三　在太平洋岛国提升中国形象的路径

太平洋岛国具有独特的区域特征，包括远离全球大都市中心、区域内的国家较为分散、生态系统脆弱、资源有限和文化多样等，这些都成为制约这一区域快速发展的因素。因此，寻找提升中国形象的路径要从岛国的立场出发，使其符合岛国的价值取向和现实需求，同时服务于中国的战略需要，这样才有利于塑造具有大国风范的中国形象。

第一，要从岛国的利益关切点出发。早在 2007 年，《岛国商务》杂志编辑李约翰写道："为什么中国在太平洋如此有兴趣，尽管中国与该地区的岛国在国家大小、人口、财富和影响力方面有十分大的差异，但是，中

---

① Rosalyn Albaniel, "Chinese Firms Must Get Affiliated," *Post-Courier*, 2016 – 4 – 25, p. 20.

国已经为太平洋领导人铺开红地毯，……中国人要影响力，相对于世界任何其他国家，中国派出了更多的外交官。就太平洋而言，有一个更令人不安的博弈正在上演。"一些岛国居民也会"担心生计被纷至沓来的中国商人带走"。所以，我们很容易理解，巴新马当省在华人联谊会上提出，华人企业要采用当地原料，当地人可以加入到华人企业中。① 岛国担心中国会同美国一样，只关注自身"利益"，而置岛国教育、医疗、环境保护、社会治理、生计活动等方面的需求于不顾。日本从岛国需求出发，投入了众多的人力、物力、财力。比如，为提高教学质量，巴新自 2014 年起废除了结果导向的教育模式而采用标准化教育模式，并把英语、数学和科学作为主要学科。巴新《国民教育规划 2015～2019》中要求，所有学校实施新的教育模式，并统一发放教科书。巴新请求日本政府帮助修订教科书。日方已为该项目投入 1400 万基纳（约合人民币 2800 万元），主要用于修订小学三年级至六年级的数学和科学教科书。日本对岛国的援助当然有政治利益的考虑，但它并不直接强调政治利益的做法反而产生了事半功倍的效果。② 因此，要从岛国的利益关切点出发，在对外援助和利益取向方面寻求一个平衡。

第二，阐释中国在南太平洋地区的外交战略，妥善处理中国与南太平洋地区区域外国家的关系。中国在南太平洋地区的频繁介入，引起了大国关注，同时学者、观察家、评论家、媒体等都聚焦于此。中国在该地区的影响力不断提升，引起了西方的担心。"澳洲 2020 峰会"指出，中国在南太平洋地区的活动是为了"能源供应的安全"。③ 罗威国际政策研究所认为，中国对太平洋岛国的援助目的在于"鼓励太平洋岛国不给予台湾当局外交承认"。④ 因而，中国应适时阐释全球战略和对南太平洋地区的外交政策，减少西方国家、学者、观察家、媒体的猜测。美国、日本、韩国、澳大利亚、新西兰等也在关注中国在南太平洋地区的表现。目前，

---

① Rosalyn Albaniel, "Chinese Firms Must Get Affiliated," *Post-Courier*, 2016 - 4 - 25, p. 20.

② 法新社的报道《太平洋岛国认可中国却排斥华人》认为华人在岛国经营餐馆和商店、开办公司抢夺了当地人的生意。

③ Australian Government, "Australia 2020 Summit Final Report," 2008, http://www. australia2020. gov. au.

④ BC Radio Australia, "Report Questions China Aid to Pacific," 2008, http://www. radioaustralia. net. au/international/2008 - 06 - 11/report - questions - china - aid - to - pacific/36676。

中国是继澳大利亚、美国、日本之后，在南太平洋地区的第四大援助国。中国现在是斐济的最大双边捐赠国，同时是库克群岛、巴布亚新几内亚、萨摩亚和汤加的第二大捐赠国。中国通过经贸、资助和低利息贷款获得了岛国的好感。萨摩亚认为，比起美国，中国是更好的朋友。库克群岛表示，不会因为美国的重返亚太而疏远中国。对此，美国时任国务卿希拉里表示，"这样的举动显示中国势力对于南太平洋地区所造成的影响已经带给美国威胁感"，并提出了"美国太平洋世纪"的观点，强调美国在亚太地区领导者的角色。① 新西兰也表达了担心。日本希望借"日本和太平洋岛国首脑峰会"加强与太平洋岛国的关系。2015 年，日本举办了第 7 届"日本和太平洋岛国首脑峰会"，《福岛磐城宣言》中写入了日本与太平洋岛国"长期紧密的协作关系"，以此对抗中国的目的非常明显。当前，中国经济成为亚太地区的经济发展引擎，为中国获得了较为广阔的外交战略空间。在南太平洋地区，中国应妥善处理与其他国家的关系，通过不同层面的沟通和对话走向求同存异，尤其是对"一带一路"倡议的宣传。中国的"一带一路"不是另起炉灶，根本目的是实现战略对接，达到优势互补。

　　第三，冷静处理海峡两岸在太平洋岛国的竞争。太平洋岛国中的 6 个国家是台湾当局的"邦交国"，台湾当局也希望利用它们争取在国际上的生存空间。当前，台湾当局制定了"南向政策"，以此来缓解台湾地区出现的各种压力，但是，"南向政策"的效果并不乐观。如果中国大陆在南太平洋地区过于压制台湾的政治空间，台湾必定会在太平洋岛国损害大陆的形象，影响中国进一步拓展与南太平洋国家的关系。再者，台湾与大陆在岛国的援助竞争也不利于大陆形象的塑造。一些岛国的官员认为，这种竞争会导致岛国的政治更加腐败，滋生暴力，恶化该地区的政治、社会、经济局势。② 有些国家也会利用两岸之间的竞争，从双方谋取利益。

　　第四，提升中国企业在南太平洋地区的竞争力。中国优秀品牌企业也是国家软实力的重要体现，为塑造国家形象提供了重要载体。中国要为企业在

---

① 卢政锋：《美国战略东移调整与欧巴马政府的太平洋岛国政策》，载台湾"中研院"人文社会科学研究中心编《海上大棋盘：太平洋岛国与区域外国家间关系研讨会暨亚太区域培训营》，2012，第 2、26 页。

② 孙国祥：《中国在南太：软权力实践的检验》，载台湾"中研院"人文社会科学研究中心编《海上大棋盘：太平洋岛国与区域外国家间关系研讨会暨亚太区域培训营》，2012，第 2 页。

太平洋岛国投资创造良好条件，同时减轻企业所负担的其他"行政职能"，[①]
增强企业的活力和竞争力。可以根据岛国发展需要，有计划地开展一些具有
战略意义的合作项目。如 2015 年日本向太平洋岛国提出了经济合作开发议
案，该议案实施的前提是它们向日本出口氢气。日本认为，向太平洋岛国提
供资金援助似乎效果有限，通过经济合作开发项目不仅为对象国创造新产业
和就业机会，而且将资源供给地扩展到较为安定的太平洋岛国，这具有重要
的战略意义。此外，中国企业在外投资必须制定严格的质量标准，提升企业
管理人员的水平和素养。

结　语

由于中国企业和大量华人的涌入，岛国民众对中国有所顾虑。澳大利亚
洛伊研究所的研究助理菲利帕·格兰特表示，"中国在该地区面临着一些挑
战。随着援助项目的增多，中国投资公司和中国移民在该地区的数量也在增
长。而这已经在太平洋岛国引发了不满。这是中国政府需要应对的一个相当
大的挑战。"[②] 因而，中国在太平洋岛国的行动必须把过程和效果结合起来，
塑造中国在南太平洋地区的良好形象。在"21 世纪海上丝绸之路"建设过
程中，实施对外援助是一件好事，要把好事办好，进一步推动中国与太平洋
岛国关系的发展。

总之，中国在南太平洋地区的外交政策，与"美式全球化"金融资本
的主导不同，与新自由主义思潮的制度渗透也有所不同。[③] 中国推动的全球
化更注重实体经济，特别是基础设施、基础工业、民生需求。以"发展主
义"为思想基础的发展理念具有可持续性、包容性，必定会得到太平洋岛
国的认可和欢迎。

---

① 美国《外交》杂志网站 2015 年 3 月 4 日刊发了《中国对外援助的地缘政治：中国在太平洋
的资金援助分布图》，认为中国的对外援助与中国承包商挂钩，导致媒体评论人把每一次活
动都当作援助，从而对中国政府的长远意图提出了怀疑。参见中新网，http：//
www.cankaoxiaoxi.com/mil/20150311/699406. shtml。

② 《中国加大对南太平洋地区援助 外媒：负责任善举》，参考消息网站，2015 年 3 月 7 日，
http：//www.cankaoxiaoxi.com/china/20150307/694176. shtml？fr = pc。

③ 《"一带一路"的政经逻辑》，BBC 中文网站，2015 年 4 月 15 日，http：//www. bbc.com/
zhongwen/simp/china/2015/04/150402_ oped_ china_ belt_ road。

China's Image Presented in Pacific Island Countries' Newspapers

—Focus on Newspapers of Papua New Guinea, Samoa and Fiji

ZHAO Shaofeng

Abstract: The Pacific Island countries are located along the south line of the 21st Century Maritime Silk Road. It helps to enhance the relations between China and the Pacific Island countries. China is an important trading partner and one of the largest donor countries to the Pacific Island countries. However, there are different views on China's aid activities. Some regional observers and government officials are even anxious about China's aid. They are worried that China will replace the United States' status and re-establish a new regional order. The image in the newspapers is directly related to China's "soft power". Therefore, the Chinese government should 1) deepen its communication with the Pacific Island countries' governments and rectify the existing prejudices, 2) enhance people-to-people communication and pay more attention to people's basic needs, 3) handle properly the relations with other powers in the South Pacific region, 4) create conditions for Chinese enterprises to invest in these countries, reduce their burden and enhance their vitality and competitiveness.

Keywords: The Belt and Road Initiative; the 21st - Century Maritime Silk Road; Pacific Island Countries; Newspaper; China's Image

"一带一路"倡议与中国在太平洋岛国的农林渔业援助与合作[*]

"一带一路"倡议与中国在太平洋岛国的农林渔业援助与合作 [*]

张程锦 [**]

摘要：农业、林业、渔业是与人类生产生活息息相关的重要产业，也是各国都非常重视的关乎本国国计民生的产业。农业在古代就是中原王朝与西域国家打造陆上丝绸之路的重要切入点和重要抓手。回顾中国与太平洋岛国的交往历史，农业、林业、渔业在中国和太平洋岛国的关系中一直扮演着重要角色。中国的农业、林业、渔业援助使得太平洋岛国获益匪浅，在合作方面也实现了互利共赢。未来在中国推动"一带一路"建设的背景下，需要在农业、林业、渔业的援助与合作方面注重探索三方合作的援助模式以减少来自域外大国和地区大国的阻力，并且注重保护太平洋岛国的生态环境，保证太平洋岛国的可持续发展能力亦即持续获益的能力，以调动太平洋岛国的积极性与中国共建"21世纪海上丝绸之路"。

关键词："一带一路"　太平洋岛国　农林渔业　援助　合作

"民以食为天"，农业、林业、渔业有着悠久的历史，它们伴随着人类的繁衍生息，均是与人类生产生活息息相关的产业。对于世界上的绝大多数国家而言，这三个产业均是关乎国计民生的重要产业，任何国家都不可能罔顾这三个产业的发展。即使有些国家国内人口的食物需求严重依赖进口，其

---

* 本文为国家社科基金重点课题"太平洋岛国研究"（15AZD043）阶段性成果。
** 张程锦，聊城大学太平洋岛国中心研究人员，山东大学2013级国际政治专业在读博士。

国内政府也想提升本国的粮食自给率，以减少对粮食进口国的依赖，增强国家自主性。在古代，三种产业中的农业就是中原王朝打造陆上丝绸之路的重要切入点与重要抓手，农业在中国的对外关系中发挥着重要作用。当今中国提出"一带一路"倡议，农业、林业、渔业的重要作用亦不容小觑。先前有关太平洋岛国的研究多集中于政治、军事等议题，现有研究成果对农业这一议题涉及较少。总结过往中国在太平洋岛国的农业、林业、渔业方面的援助与合作，在此基础上对今后的援助与合作提出合理建议，对于推进"一带一路"倡议中的"21 世纪海上丝绸之路"建设具有重要意义。

一 农业在古代丝绸之路中的历史作用及当代启示

"一带一路"即"丝绸之路经济带"与"21 世纪海上丝绸之路"的简称。2013 年 9 月 7 日，中国国家主席习近平在访问哈萨克斯坦时发表演讲，提出要和沿线国家共同打造"丝绸之路经济带"，在同年 10 月访问印度尼西亚时提出要和沿线国家共同建设"21 世纪海上丝绸之路"。"一带一路"中的"21 世纪海上丝绸之路"的南线即"出南海至南太平洋"一段。[1] 地处南太平洋的太平洋岛国无疑被中国视为推进"一带一路"建设的相关国家。

农业、林业、渔业是关乎绝大多数国家国计民生的重要产业。翻开中国古代历史，不难发现在中国古代打造丝绸之路的历史进程中，农业是中国与沿线国家进行友好交往的重要切入点。农业外交不仅使得中原王朝巩固强化了与周边国家的友好关系，也使得国内外民众收获了实惠，提升了生活水平。古代西域各国借助丝绸之路，学到了一些源于中原王朝的先进的农业技术及水利技术，使得国家人口数量和生活水平得以提升，继而国力得以提升。中国民众也获益匪浅，以当今中国民众餐桌上常见的水果和蔬菜为例，葡萄、石榴、黄瓜、蚕豆、菠菜、莴苣、苜蓿等众多蔬菜瓜果皆是古人由国外引入的。[2] 新中国成立之后，开展与农业、林业、渔业相关的援助与合作也一直是中国与世界各国交往的一个重要路径。对于太平洋岛国而言，农

---

[1] 国家发展改革委、外交商、商务部：《推动共建丝绸之路经济带和 21 世纪海上丝绸之路的愿景与行动》，《人民日报》2015 年 3 月 29 日，第 4 版。

[2] 姚伟钧：《西域来的蔬菜瓜果》，《光明日报》2014 年 11 月 19 日，第 12 版。

业、林业、渔业更是关乎国家发展的重要产业。曾是列强殖民地的太平洋岛国普遍生产力水平低下，粮食严重依赖进口，被联合国评为最不发达国家，很多太平洋岛国国民长期生活在国际贫困线以下。在中国与太平洋岛国的交往历史中，三大产业已发挥重要作用，未来在"一带一路"的建设中将继续扮演重要角色，并焕发出新的活力。

二 中国在太平洋岛国的农林渔业援助与合作评析

现阶段在农业、林业、渔业方面的援助与合作在中国与太平洋岛国的关系中占有重要地位，中国对此也比较重视。中国国家主席习近平在出访太平洋岛国地区与建交的太平洋岛国领导人进行会晤时，强调中国未来会加强对太平洋岛国农业、渔业的援助与合作。[①] 现阶段聚焦于中国在太平洋岛国农业及渔业援助与合作的"中国－太平洋岛国经济发展合作论坛农渔业专题研讨会"截至 2015 年 11 月已经召开两届。

在中国与太平洋岛国的农业、林业、渔业援助的行为体中，政府是主要的行为体，除此之外，还有很多的企业和个人。本文之所以没有用"农业外交"来概括中国在太平洋岛国的农业援助与合作，是因为"农业外交"的主体一般是一国政府，[②] 而实际的状况是除了政府之外，企业、个人在中国对太平洋岛国的农业援助与合作中扮演着越来越重要的角色。换言之，用"农业外交"来阐释中国在太平洋岛国的农业援助与合作不符合实际状况。

在援助方面，中国对太平洋岛国的援助可以分为直接援助和间接援助。直接援助有两种：一是在相关太平洋岛国进行直接的专业技术传授、培训相关技术人员的技术援助；二是对相关项目进行立项并划拨专项资金的资金援助。比如中国在农业和林业方面援助瓦努阿图、汤加、萨摩亚就是很好的案例。间接援助即认可并支持太平洋岛国自身为获取更多的收益所创立的新的地区机制，即便这种新的地区机制会使得相关的中国企业或个人获益减少。比如中国在渔业方面对该区域的囊括八个成员国的次区域组织瑙鲁协定成员

---

① 王玮：《中国外交全球战略新布局——习近平主席出访太平洋岛国的重要意义》，《太平洋学报》2015 年第 1 期，第 1～2 页。

② 陈翔：《浅析"一带一路"建设背景下的中国农业外交》，《现代国际关系》2015 年第 10 期，第 48～53 页。

国组织（PNA）所主张的捕捞规则的认同和支持即属于间接援助。①

在 2012 年中国农业部公布的《农业国际交流与合作项目资金分配表》中涉及太平洋岛国的项目共有三个（见表 1）。

表 1　2012 年中国涉及太平洋岛国的农业国际交流与合作项目资金分配情况

主管部门	项目承担单位	项目	金额	项目内容
湖南省农业厅	湖南省农业厅对外经济技术合作中心	太平洋岛国低碳农业技术培训	15 万元	邀请萨摩亚官员和技术人员来华参加萨摩亚国内低碳农业技术培训
广东省海洋与渔业局	广东省海洋与渔业局	中国与南太平洋岛国远洋渔业合作	20 万元	组织和带动有关企业人员和渔船赴南太地区进行渔业合作
农业部	农业部对外经济合作中心	中国与太平洋岛国农业技术培训	20 万元	邀请岛国人员来华培训

资料来源：由笔者在农业部对外经济合作中心查询后整理。

中国在太平洋岛国的农业、林业、渔业的援助与合作均取得了良好的效果。中国的援助改善了太平洋岛国民众的生活，密切了中国与太平洋岛国的关系；在合作方面则实现了互利共赢，中国和太平洋岛国均从中获益匪浅。

中国与瓦努阿图在农业合作方面有过良好的合作案例。来自中国的科研人员结合瓦努阿图的地形条件和气候状况，成功从中国移植了经济作物油棕树，为瓦努阿图未来从中获取经济利益创造了良好的条件。瓦努阿图境内多山地，属于热带雨林和亚热带雨林气候，比较适合一些热带经济作物的种植。自 2005 年起，中国热带农业科学院橡胶研究所派出相关领域的专家去往瓦努阿图进行实地考察，经过专业的调研、系统论证之后，专家认为瓦努阿图境内一些地区适合种植油棕树。随后中国与瓦努阿图的政府和企业一起进行了相关项目的合作，中国热带农业科学院橡胶研究所分别与瓦努阿图国家农业局、棕榈油有限公司签署了科技合作备忘录。在该项目中，中国利用自身的技术优势，主要负责油棕树的引种和幼苗培育等工作。瓦努阿图独特的地理位置和气候条件使得油棕树的种植获得初步成功。经过中国专家的精心指导，瓦努阿图的油棕树长势旺盛，取得了较高的结果率，且颗粒饱满，

① Sandra Tarte："Regionalism and Changing Regional Order in the Pacific Islands," *Asia & the Pacific Policy Studies*, Vol. 1, No. 2, 2014, pp. 312 – 323.

适合提炼棕榈油。有资料显示 2008～2010 年在瓦努阿图定植的油棕树每公顷的年产量超过 3.38 万公斤，按照大约两成的出油率来估算，每公顷的棕榈油产量超过 6760 公斤，几乎是世界平均单产水平 3735 公斤的两倍。[①]

中国与汤加在农业援助方面也取得了较好的效果。中国在充分考察当地自然状况的前提下，引进适合当地生长的农作物，向汤加传授先进的生产技术，培训相关技术人员，提升了汤加粮食和蔬菜的供应自给率，取得了较好的援助效果。与其他太平洋岛国类似，地处西南太平洋的汤加境内有不少山地，属于热带雨林气候，昼夜温差大，土壤肥沃，降雨充沛，但粮食产量却不高，严重依赖进口来满足国民消费需求。先前由于生产技术的落后，蔬菜等经济作物产量较低，尤其在夏季这种高温季节蔬菜几乎绝收。中国天津农业科学院自 2003 年起受中国商务部的委派，抽调相关领域的专家去往汤加境内进行实地调研。专家们结合当地的自然条件和发展现状，认为可以援助汤加发展蔬菜种植业，随后援助汤加在其境内种植了绿叶菜类、葱蒜类、瓜类、根菜类、茄果类、橄榄类、豆类、薯芋类、食用玉米类等 9 大类蔬菜品种。这 9 大类蔬菜品种包括白帮油菜、散叶生菜、大葱、洋葱、水果小黄瓜、大棚节瓜、胡萝卜、小红萝卜、彩色紫甜椒、平头橄榄、鸡心橄榄、黄豆、架豆角、马铃薯、香糯紫玉米、饲用玉米等 65 个蔬菜品种。在这些品种之中，诸如节瓜、露地大冬瓜、糯玉米、甜玉米、木耳菜、油麦菜等 15 个品种均是首次在汤加境内种植成功。此外，中国专家还帮助汤加成功培育出了食用菌。有些蔬菜诸如樱桃西红柿、甜玉米、糯玉米、彩色辣椒、黄瓜等一上市就受到当地居民欢迎，蔬菜产品供不应求。当地报纸、电视等媒体对中国的农业援助赞不绝口，汤加国王图普五世对中国给予的农业援助也深表感谢。[②]

在斐济，以农业方面的蔬菜种植为例，中斐两国做到了互惠互利。自 20 世纪 80 年代开始，来自中国广东地区的几百户移民陆续来到斐济进行蔬菜种植和销售。他们种植的蔬菜不仅用于满足当地居民消费，还有相当一部分用于出口。其种植的蔬菜主要有通心菜、芥菜、椰菜等。[③] 来自中国广东

---

①　林红生、邓卫哲：《中国境外援建油棕引种试种取得初步成功》，《世界热带农业信息》2015 年第 8 期，第 35～36 页。

②　王隆清、李卫民、丁仲凡：《在汤加王国种植蔬菜的尝试及技术体会》，《天津农业科学》2005 年第 11 期，第 21～23 页。

③　林红生、林卫哲：《斐济华人》，《华裔世界》2004 年第 2 期，第 5～7 页。

的叶志中、袁周灿依靠经营在斐济的蔬菜种植业成为当地富豪。[①] 中国的相关企业和个人从中获取了利润，而这些蔬菜也使得斐济摆脱了以往国内蔬菜完全依赖进口的状况，国民获得了生活品质的提升。

在巴布亚新几内亚，两国的林业合作取得了良好的效果。巴布亚新几内亚由于得天独厚的地理位置和气候条件，盛产优质木材。中国相关企业和个人去往巴布亚新几内亚注册成立企业，在获取利润的同时，也帮助解决了很大一部分当地居民的就业问题，带动了当地经济的增长，加快了该国的城市化进程。目前在巴布亚新几内亚注册成立的从事林业资源开发、木材加工生产的相关中资企业有海桥有限公司、福森实业有限公司、吉鑫有限公司、浙江富得利木业有限公司巴布亚新几内亚分公司等诸多企业。

在渔业的合作方面，中国获得了一些太平洋岛国的捕捞许可，帮助太平洋岛国开发了渔业资源，提升了当地民众的就业率，自身也获得了可观收益。中国远洋捕捞船队在斐济、巴布亚新几内亚等与中国建交的太平洋岛国的专属经济区内进行捕捞作业，比如近年来在巴布亚新几内亚的专属经济区内可以见到获得巴方批准的中国上海远洋渔业公司、辽宁大连德远渔业公司进行捕捞作业的场景。[②]

三　"一带一路"背景下中国在太平洋岛国的农林渔业援助与合作政策建议

中国推动"一带一路"建设有两个重要条件：一是减少来自大国的疑惑和不信任以及由此带来的阻力，二是获得沿线国家的认可与积极配合以增加相应的合力。在此背景下，中国在太平洋岛国的农业、林业、渔业援助与合作要探索与别国或国际组织的三方合作的援助模式以及在自身获益的同时注重保护当地的生态环境，使得相关的太平洋岛国实现可持续发展，而双方亦实现长久的互利共赢。

（一）探索三方合作的援助模式

随着中国的不断崛起以及日趋增长的影响力，域外大国美国、日本和地

---

① 吕桂霞：《列国志·斐济》，社会科学文献出版社，2015，第118页。
② 中国驻巴新大使馆经济商务参赞处，http：//pg.mofcom.gov.cn/article/catalog/。

区大国澳大利亚、新西兰对中国在太平洋岛国的援助与合作保持警觉，担心中国破坏西方主导的地区秩序，削弱本国影响力，甚至本国被中国排挤出该区域。面对这一状况，探索三方合作的援助模式势在必行。在获得太平洋岛国政府许可的前提下，需要加强与地区国家、域外大国以及区域组织、国际组织之间的合作，并探索三方合作的有效路径。农业、林业、渔业是三方合作模式的一个可行的切入点。在中国的"一带一路"倡议下，三方合作能够减少援助面对的阻力，减少战略猜忌，增进与大国的互信，更好地服务于中国的大战略。

首先，三方合作在当代国际社会中被视为提升援助有效性的有力途径。[①] 农业是探索三方合作模式的一个有效的切入点。相比军事、政治等领域内的合作项目，农业项目敏感度低，各方比较容易达成共识。如果合作顺利，比如在合作中能够合理照顾受援国和合作方的感受，这种良好效应很有可能会外溢到其他领域，带动其他领域的项目的合作，从而增进大国之间的战略互信。与中国进行援助合作的第三方能够借助中国的资金、人员优势，扩大援助范围。这样做不仅节省资金，而且能达到更好的援助效果。由此产生的良好互动无疑会增强其与中国的战略互信，对其在该区域保持和扩展自身的影响力是一个不错的路径选择。而中国选择和第三方合作，融入业已存在的地区框架或国际框架而非另起炉灶，能够相应减少"中国威胁论""中国搅乱地区秩序"等的论调。[②]

其次，太平洋岛国的农业、林业、渔业发展需要进行三方合作。中国在太平洋岛国的农业、林业、渔业援助在三方合作模式下能取得更大的效果。以农业为例，农业项目是一个系统工程，只有受援国国内的水利、物流、气象等多个部门有效配合，才可能取得较高的收益。各个援助国在太平洋岛国的不同机构、不同部门发挥着不同的作用。一些发达国家在现阶段比中国更具备技术优势，拥有更加广泛的援助网络，也有着更加丰富的援助经验。[③]对中国而言，中国的专业技术人员在与发达国家同行的深入交流中也可不断

---

① Cheryl McEwan and Emma Mawdsley, "Trilateral Development Cooperation: Power and Politics in Emerging Aid Relationships," *Development and Change*, Vol. 43, Issue 6, 2012, pp. 1185 – 1209.

② Matthew Dornan and Philippa Brant, "Chinese Assistamce in the Pacific: Agency, Effectiveness and the Role of Pacific Island Governments," *Asia & the Pacific Policy Studies*, Vol. 1, Issue 2, 2014, pp. 349 – 363.

③ 宋微：《中国对外援助意义的再思考》，《国际经济合作》2015 年第 1 期，第 81 ~ 84 页。

提升业务水准，使得援助发挥更大的功效。在此基础上中国借助发达国家的成熟援助网络及丰富的援助经验可以更好地节省援助资金，避免项目重叠导致的资源浪费，扩大援助范围，达到更好的援助效果，从而更好地提升中国在太平洋岛国地区的影响力。①

（二）注重保证太平洋岛国的可持续发展能力

中国若要建设"21世纪海上丝绸之路"，就必须获得沿线国家的认可和实际支持以形成合力。有国外评论批评中国持续增长的人口增加了对资源的消耗，对其他地区民众的生存产生威胁。这种论调成为中国威胁论的一个重要方面。② 一些太平洋岛国民众担心中国的援助与合作未重视太平洋岛国的生态环境保护，不利于其可持续获益的能力。

太平洋岛国日趋注重维持自身可持续发展的能力。巴布亚新几内亚为保护自身林业资源的再生能力，近年来采取了一系列相关举措：督促各大跨国公司严格执行砍伐配额制度；2010年启动禁止原木出口程序；努力推进原木的深加工，增加资源的利用率。巴布亚新几内亚、瑙鲁、图瓦卢、密克罗尼西亚、基里巴斯、所罗门群岛、帕劳、马绍尔群岛等八个太平洋岛国组成了次区域组织瑙鲁协定成员国，其所创立的一个重要目的就是维持成员国专属经济区内的渔业再生产能力。

若要沿线国家积极响应中国"一带一路"倡议，减少相关阻力，获得相应的合力，就必须在保证本国获益的同时，保证对方长久获益的能力，尤其是在太平洋岛国专属经济区内的海上捕捞作业要注重保持当地渔业的持续生产能力。这是建立中国负责任的大国形象所必需的，更是推进"一带一路"建设的必要条件。

结　语

在古代丝绸之路的建设中，农业就是一个重要抓手和重要载体，如今在"21世纪海上丝绸之路"的建设中更是少不了农业、林业、渔业的

---

① 白云真：《"一带一路"倡议与中国对外援助转型》，《世界经济与政治》2015年第11期，第53～71页。

② Rory Medcalf，"Unselfish Giants? Understanding China and India as Security Providers，" *Australian Journal of International Affairs*，Vol. 66，Issue 5，2012，pp. 554 - 566.

身影。

"民以食为天"，农业、林业、渔业对于太平洋岛国的重要性不言而喻。"授人以鱼不如授人以渔"，除中国外，域内大国澳大利亚、新西兰和域外大国美国、日本等国也把对太平洋岛国农业、林业、渔业的援助视作其对外援助中不可或缺的组成部分。中国在太平洋岛国的农业、林业、渔业援助是中国向该地区提供援助的重要组成部分，中国与太平洋岛国的农业、林业、渔业合作已经展现出了互惠互利与合作共赢的局面，未来二者在中国的"一带一路"建设中将继续扮演重要角色，并焕发出新的活力。

"The Belt and Road" and the Aid and Cooperation of China in Pacific Island Countries

ZHANG Chengjin

Abstract：Agriculture, forestry and fishery are closely associated with human's welfare. Most countries are very concerned about these industries. In ancient times, agriculture was the important point and the gripper in the building of Silk Road between China and foreign countries. In the history of the relationship between China and Pacific Island countries, the three industries have played an important role. The aid from China benefits the Pacific Island countries. Win-win cooperation and mutual benefits are obvious in the cooperation. In the future, under the construction of "the Belt and Road", tripartite cooperation is suggested to reduce the potential resistance from the developed powers. The ecological environment protection of the Pacific Island countries is required to ensure the sustainable development of Pacific Island countries and to get the join forces from these countries.

Keywords：The Belt and Road; Pacific Island Countries; Agriculture, Forestry and Fishery; Aid; Cooperation

澳大利亚对瓦努阿图援助外交评析[*]

韩玉平^{**}

摘要： 援助外交是澳大利亚总体外交的一个重要组成部分，是澳大利亚维系与瓦努阿图等太平洋岛国特殊关系的重要纽带。冷战结束后，出于国家安全、地缘政治和社会文化等诸方面因素的考虑，澳大利亚在缩减总体援助外交额度的同时，进一步提升了对瓦努阿图的援助额度。作为瓦努阿图最大的援助国，澳大利亚对瓦努阿图的援助不仅涵盖教育、卫生、妇女、经济发展与良政等各个领域，而且比较注重加强瓦努阿图自身的能力建设。不过，澳大利亚对瓦努阿图援助的政治色彩依然突出，这在一定程度上制约了澳大利亚援助外交的有效性。

关键词： 澳大利亚　瓦努阿图　援助外交

援助外交是国家通过外交渠道争取或实施援助，以及通过援助实施外交的一种特殊外交形式。其中，"通过对外援助推行对外政策"[①] 是大国援助外交的主要内容和动力。冷战结束后，随着全球化进程的不断扩展，各国经济联系更加密切，以经济援助推行本国外交政策成为各个大国外交战略的重要组成部分。开展对外经济援助在促进受援国经济发展的同时，也有助于援

---

* 本文为国家社科基金重点课题"太平洋岛国研究"（15AZD043）阶段性成果。

** 韩玉平，聊城大学国际教育交流学院副教授，太平洋岛国研究中心研究员。

① Hans Morgenthau, "A Political Theory of Foreign Aid," *American Political Science Review*, Vol. 56, No. 2, 1962, pp. 301 – 309.

助国对外投资和贸易的扩展。此外，经济援助也可以拉近受援国和援助国之间的关系，提升援助国在受援国民众中的声望。

二战后，援助外交一直是澳大利亚维系与太平洋岛国特殊关系的重要纽带。作为南太平洋地区的一员，瓦努阿图是澳大利亚本地区外交战略中的重要国家之一。冷战结束后，澳大利亚持续了对瓦努阿图的经济援助，而且从援助的发展趋势来看，不仅覆盖面更广，而且援助方式也更加灵活，并开始注重帮助瓦努阿图加强自身的能力建设，这对瓦努阿图的经济和社会发展起着重要的推动作用。本文通过研究澳大利亚对瓦努阿图援助外交的现状，分析澳大利亚对瓦努阿图开展援助外交的动因，并指出澳大利亚对瓦努阿图援助外交的趋势及不足。

一　澳大利亚对瓦努阿图援助外交的现状

澳大利亚对瓦努阿图的援助外交由来已久，最早可以追溯到瓦努阿图独立前的新赫布里底时期。1980 年 7 月，新赫布里底宣布独立，建立了瓦努阿图共和国。此后，澳大利亚继续向瓦努阿图提供援助，并一直是瓦努阿图最大的援助国。冷战结束后，基于瓦努阿图在澳大利亚外交战略中地位的提升，澳大利亚加大了对瓦努阿图的援助力度。尤其是进入新千年以来，澳大利亚对瓦努阿图的援助额度持续上升，并且援助领域和援助方式也发生了重大变化。2005 年澳大利亚对瓦努阿图的援助额度约为 3400 万澳元，到 2008 年就增加到了约 5500 万澳元。①

2009 年 5 月，澳大利亚与瓦努阿图签署了《瓦努阿图 - 澳大利亚发展伙伴关系协议》（Vanuatu-Australia Partnership for Development），定下了澳大利亚对瓦努阿图援助的原则。随着协议的实施，近年来澳大利亚对瓦努阿图的援助力度不断提升。2014 年的实际援助金额为 5720 万澳元，2015 年，澳大利亚对瓦努阿图的援助预算金额达到 1.119 亿澳元。② 目前，澳大利亚对瓦努阿图的援助主要集中在教育、卫生、妇女发展、经济发展与良政等领域。

---

① 澳大利亚外交贸易部： "Economic Development," http：//aid. dfat. gov. au/countries/pacific/vanuatu/Pages/default. aspx，最后访问日期：2014 年 6 月 27 日。

② 澳大利亚外交贸易部： "How We Are Helping," http：//dfat. gov. au/about - us/publications/Pages/vanuatu - aid - program - performance - report - 2014 - 15. aspx，最后访问日期：2015 年 10 月 30 日。

（一）澳大利亚对瓦努阿图教育的援助

根据 2009 年签署的《瓦努阿图－澳大利亚发展伙伴关系协议》，澳大利亚对瓦努阿图的优先援助领域是教育、基础设施、经济管理与卫生。因此，自 2009 年以来，澳大利亚开始支持瓦努阿图的教育路线图计划，以推动瓦努阿图基础教育的发展。表 1 列举了 2012 年以来澳大利亚对瓦努阿图的教育援助项目。从 2013 年下半年开始，澳大利亚启动了对瓦努阿图的"教育支持项目"，援助总金额达到 4000 万澳元，旨在帮助瓦努阿图提高教育质量。该项目计划在 3～4 年的时间内，在教师培训、课程设置、学校资金、校舍建设、早期儿童护理与教育及教育系统的管理等方面与瓦努阿图教育部和财政部等部门合作，帮助瓦努阿图改善基础教育，提高瓦努阿图小学的入学率，进而提高国民的识字率。

表 1　2012 年以来澳大利亚对瓦努阿图的教育援助项目

项目名称	合作伙伴	持续时间	项目描述
瓦努阿图教育支持项目	瓦教育部 瓦财政部 瓦总理办公室 新西兰政府	2013～2016 年	支持瓦努阿图政府提高教育质量，提高小学入学率。
澳大利亚奖学金项目	澳大利亚的高等学府 大学、学院及培训机构	正在进行	为瓦努阿图人在澳大利亚及本地区的大学学习提供奖学金。
职业技术教育与培训项目	瓦努阿图国家培训委员会 桑马省与马朗帕省培训委员会 青年发展、体育与培训部	2012～2016 年	通过支持职业技术教育培训，帮助各省提高就业率，提高人民的收入。

资料来源：澳大利亚外交贸易部："Education," http://aid.dfat.gov.au/countries/pacific/vanuatu/Pages/promoting‐opportunities.aspx，最后访问日期：2014 年 2 月 12 日。

通过支持瓦努阿图职业技术教育，帮助瓦努阿图提高就业率，是澳大利亚援助瓦努阿图教育的另一重要方面。2007 年，澳大利亚投入资金，帮助瓦努阿图建立了澳大利亚－太平洋技术学院，为瓦努阿图年轻人提供青年发展与社区服务等方面的课程。2012 年，又启动了"职业技术教育与培训项目"（Technical and Vocational Education and Training）。该项目旨在帮助瓦努阿图民众提高就业技能，进而提高民众的收入水平。2013 年 12 月，澳大利亚外交部长朱丽叶·毕晓普（Julie Bishop）宣布启动该项目第三期时承诺提供 1080 万澳元的资助，帮助瓦努阿图政府把职业技术教育与培训项目扩展到广大农村地区，帮助瓦努阿图农村创造就业机会。①

此外，澳大利亚通过提供奖学金，资助瓦努阿图大学生接受高等教育，提高瓦努阿图的教育水平。其中，"澳大利亚奖学金项目"每年为瓦努阿图大学生提供 600 万澳元，为在澳大利亚及本地区的大学学习经济、公共卫生和农业等专业的瓦努阿图大学生提供奖学金。奖学金项目不仅有助于提高瓦努阿图的教育水平，而且培养了一大批亲近澳大利亚的瓦努阿图精英人士。例如，瓦努阿图现任土地、地质、矿产、能源和水资源部部长拉尔夫·雷根瓦努（Ralph Regenvanu）就曾得到澳方资助到澳大利亚接受高等教育，于1991 年毕业于澳大利亚国立大学。而这些在澳大利亚留学或接受过澳大利亚奖学金的瓦努阿图精英人士，无疑在推动澳－瓦关系的良性互动中发挥着积极的作用。美国前主管公共外交与公共事务的副国务卿夏洛特·比尔斯（Charlotte Beers）在谈及奖学金项目对推动国与国关系时就曾指出，没有什么项目比得上富布赖特项目和其他国际访问学者项目所产生的生产力，通过奖学金项目和培训项目建立与他国精英人物的持久关系是"政府最合算的交易"。②

（二）澳大利亚对瓦努阿图经济发展的援助

澳大利亚对瓦努阿图经济发展的援助是瓦努阿图经济社会发展的强大支柱。根据《瓦努阿图－澳大利亚发展伙伴关系协议》，澳大利亚对瓦努阿图的经济发展援助应致力于发展必要的基础设施来支持经济发展并提供服务，同时促进瓦努阿图经济改革循序渐进。因此，澳大利亚对瓦努阿图经济发展的援助，主要集中在帮助瓦努阿图加强基础设施建设。表 2 列举了 2012 年以来澳大利亚对瓦努阿图经济发展的援助项目。"道路开发项目"主要致力于对瓦努阿图的乡村和城市公路设施、城市供排水设施进行改造。该项目共投资 3660 万澳元，在 2013～2016 年帮

---

① 澳大利亚外交贸易部："Foreign Minister Visits Solomon Islands, Vanuatu and Nauru," http://aid. dfat. gov. au/LatestNews/Pages/foreign－minister－visits－solomon－islands－vanuatu－and－nauru. aspx，最后访问日期：2014 年 2 月 12 日。

② Charlotte Beers, "U. S. Public Diplomacy in the Arab and Muslim Worlds," Remarks at the Washington Institute for Near East Policy, Washington D. C. , 2002.

助瓦努阿图修建了 350 公里的乡村公路，并为瓦努阿图民众提供了就业机会。

启动于 2013 年的"维拉港城市开发项目"计划投资 3100 万澳元，在三年内帮助维拉港建成对气候变化有较强适应性的供排水和卫生设施。同时，该项目计划重建维拉港的城市公路系统，解决 9 个地区的排水问题，并改善垃圾收集及处理系统。这些项目的运作，有助于改善瓦努阿图民众的生活环境，提升生活质量，受到了瓦努阿图民众的欢迎和支持。

"经济增长项目"是澳大利亚援助瓦努阿图经济发展的主要项目，该项目旨在帮助瓦努阿图提高经济增长率，为瓦努阿图政府在政策制定过程中提供分析与咨询支持，并为政策的实施提供资源。该项目第二期启动于 2012 年，援助金额为 2340 万澳元。该项目还与瓦努阿图的财政与经济管理部、商务与旅游部、电信与无线电通信管理部门以及世界银行合作，共同致力于瓦努阿图经济的发展与改革，不仅促进了瓦努阿图经贸、旅游和电信行业的发展，也为当地人提供了大量的就业机会。此外，近年来随着瓦努阿图私人企业规模的不断扩大，澳大利亚也开始注重扶持瓦努阿图私人企业的发展。

表 2　2012 年以来澳大利亚对瓦努阿图经济发展的援助项目

项目名称	合作伙伴	持续时间	项目描述
经济增长项目（第二期）	瓦财政与经济管理部 世界银行 总理办公会室 商务与旅游部 电信与无线电通信管理部门	2012~2016 年	设立专门的咨询与公共支出管理机构，旨在促进经济增长，改善政府服务，使之成为政策对话的有效平台，支持政策制定过程中的分析与咨询过程，为政策的实施提供资源。
道路开发项目	基础建设与公共设施部	2013~2016 年	修建 350 公里的乡村公路，在瓦努阿图全国提供就业机会。
维拉港城市开发项目	基础建设与公共设施部 亚洲开发银行	2013~2016 年	在维拉港建设对气候变化有较强适应性的供排水和卫生设施。重建城市公路系统，解决 9 个地区的排水问题，同时改善垃圾收集及处理系统。

资料来源：澳大利亚外交贸易部："Economic Development," http：//aid. dfat. gov. au/countries/pacific/vanuatu/Pages/default. aspx，最后访问日期：2014 年 6 月 27 日。

（三）澳大利亚对瓦努阿图良政领域的援助

澳大利亚政府对瓦努阿图援助的另一重要领域是良政。"良政"这一概念是世界银行在其1989年发布的《世界银行年度报告》里面首先提出的，其本义是指"一个主权国家对其经济和社会资源的掌控，运用权力，设计、规划和实施政策的能力"，[①] 后来"良政"的概念逐渐演变为公共政策的决策，包括以下六个方面：责任制、政治稳定、机构有效性、良好的法规框架体系、法律体系以及控制腐败等。[②] "良政"这一概念在援助国和援助机构之间开始流行之后很快被用于更宽泛的政治理解：良政为政府和机构提供促进经济发展所必需的一套公正的、可预测的、可持续的、健全的财政管理和规则体系，从而提高机构效率以及应对危机的能力。

澳大利亚对瓦努阿图在良政方面的援助主要包括：加强财政预算、提高政府透明度与责任心、改善公共财政管理制度、改善城市规划与开发等。表3列举了2009年以来澳大利亚在瓦努阿图良政领域的援助项目。根据《瓦努阿图－澳大利亚发展伙伴关系协议》，澳大利亚应加强对瓦努阿图在法律和司法领域的援助与合作。因此，2012年澳大利亚与瓦努阿图司法与社区服务部、警察部队及国家法律办公室合作，启动了"瓦努阿图法律与司法伙伴关系项目"。澳大利亚为该项目提供620万澳元的援助资金，旨在为瓦努阿图提供可预测的、公平的法律和司法制度。

《瓦努阿图－澳大利亚发展伙伴关系协议》还规定，以联合国《千年卫生发展目标》为标准，澳大利亚援助瓦努阿图加强卫生服务建设，促进医疗卫生的发展。澳大利亚对瓦努阿图卫生领域的援助侧重于提供卫生服务，目标包括：减少儿童死亡率；改善妇女健康状况；控制并逐步减少疟疾；帮助瓦更新医疗设施；加强对护理人员的培训等。2010年，澳大利亚与瓦努阿图卫生部、世界卫生组织、世界银行、联合国儿童基金会合作，共同发起了"瓦努阿图卫生项目"，该项目总援助金额为2500万澳元，旨在支持瓦努阿图卫生部为瓦努阿图民众提供有效的卫生服务，尤其是妇女和儿童的卫

---

① The World Bank, *Governance: The World Bank Experience*, Washington D. C., 1994, p. xiv.

② Daniel Kaufmann and Aart Kraay, "Growth Without Governance," *Social Science Electronic Publishing Working Paper*, Vol. 3, No. 1, 2002, p. 7.

表3　2009年以来澳大利亚在瓦努阿图良政领域的援助项目

项目名称	合作伙伴	持续时间	项目描述
瓦努阿图法律与司法伙伴关系项目	司法与社区服务部 瓦努阿图警察部队 国家法律办公室	2012～2015年	旨在为瓦努阿图提供可预测的、公平的法律和司法制度。
瓦努阿图卫生项目	瓦努阿图卫生部 世界卫生组织 世界银行 联合国儿童基金会	2010～2014年	旨在支持瓦努阿图卫生部为瓦努阿图民众提供有效的卫生服务,尤其是妇女和儿童的卫生服务以及偏远地区的疟疾控制。
瓦努阿图妇女中心项目(第六期)	瓦努阿图妇女中心	2012～2016年	帮助有效预防针对妇女和儿童的暴力事件的发生。
瓦努阿图土地项目	瓦努阿图各部 瓦努阿图酋长委员会 瓦努阿图文化中心 瓦努阿图青年委员会 传统土地法庭 新西兰政府	2009～2015年	旨在使所有瓦努阿图人能够从公平的、可持续的土地开发中获益,同时保证其子孙后代继承土地。

资料来源:澳大利亚外交贸易部:"Governance," http://aid.dfat.gov.au/countries/pacific/vanuatu/Pages/default.aspx,最后访问日期:2014年2月12日。

生服务以及偏远地区的疟疾控制。[1] 事实上,妇女儿童权益问题一直是澳大利亚对瓦努阿图援助的优先领域之一。鉴于瓦努阿图妇女在决策和经济权利领域往往处于弱势地位甚至受到不公正待遇的现实,澳大利亚在援助瓦努阿图社会发展项目中比较注重妇女权益的保护问题。目前,澳大利亚援助的"瓦努阿图妇女中心项目"已经进入第八期,主要是帮助瓦努阿图有效预防针对妇女和儿童的暴力事件的发生,并提高瓦努阿图妇女在决策和经济权利等方面的地位。2013年12月,澳大利亚外长毕晓普在对瓦努阿图进行访问时,专程到访瓦努阿图妇女中心,考察澳大利亚如何能够帮助本地区的妇女找到有报酬的工作。[2]

---

[1]　澳大利亚外交贸易部:"Health," http://aid.dfat.gov.au/countries/pacific/vanuatu/Pages/default.aspx,最后访问日期:2014年2月12日。

[2]　澳大利亚外交贸易部:"Foreign Minister Visits Solomon Islands, Vanuatu and Nauru," http://aid.dfat.gov.au/LatestNews/Pages/foreign - minister - visits - solomon - islands - vanuatu - and - nauru.aspx,最后访问日期:2014年2月12日。

此外，澳大利亚还与瓦努阿图教会、基督教委员会、酋长委员会、青年委员会和文化中心等机构合作，努力改善瓦努阿图地方、社区层面的管理与服务。其中，启动于 2009 年的"瓦努阿图土地项目"，总援助金额达到 2030 万澳元，该项目旨在使所有瓦努阿图人能够从公平的、可持续的土地开发中获益，同时保证其子孙后代继承土地。

（四）澳大利亚对瓦努阿图援助的渠道

澳大利亚 – 瓦努阿图发展合作委员会（the Australia-Vanuatu Partnership for Development）是澳大利亚对瓦努阿图提供援助的管理机构，主要管理澳大利亚对瓦努阿图的官方开发援助。澳大利亚国际开发署（Australian Agency of International Development）和其他一些政府部门是澳大利亚对瓦努阿图提供援助的行为主体。澳大利亚国际开发署对瓦努阿图的援助额度在不断增长。据统计，2001 ~ 2002 年度，澳大利亚对瓦努阿图的官方援助约为 1800 万澳元，到 2012 ~ 2013 年度已经超过 7000 万澳元。而同期澳大利亚其他政府部门对瓦努阿图提供的援助一般维持在 2000 万澳元左右（见表 4）。

表 4 　2001 ~ 2002 年度至 2012 ~ 2013 年度澳大利亚国际开发署
与其他政府部门对瓦努阿图的援助金额

单位：澳元

年　　度	国际开发署	其他政府部门
2001 ~ 2002	18081700	1604500
2002 ~ 2003	20488300	3002900
2003 ~ 2004	21767100	2834300
2004 ~ 2005	26027100	2118500
2005 ~ 2006	26861100	2332600
2006 ~ 2007	28640100	2063000
2007 ~ 2008	38832300	1753500
2008 ~ 2009	53363800	1804200
2009 ~ 2010	61947400	1608400
2010 ~ 2011	59116000	2278600
2011 ~ 2012	70098000	1922000
2012 ~ 2013	70821800	2118900

资料来源：澳大利亚国际开发署："Australian Aid to Vanuatu," http：//www. ausaid. gov. au/countries/pacific/vanuatu/PublishingImages/ogd – lg. jpg，最后访问日期：2014 年 6 月 27 日。

此外，澳大利亚对瓦努阿图的援助还得益于本国的非政府组织、教会机构、商业组织、高等教育机构等，它们通过援助物资、人才培训、提供奖学金等方式为瓦努阿图提供了大量援助。

二　澳大利亚对瓦努阿图开展援助外交的动因

作为外交政策的工具，对外援助无论采用什么形式，都是有一定目的的行为。现实主义大师摩根索指出，援助外交的本质是政治性的，其主要目标是促进和保护国家利益。[①] 澳大利亚的对外援助自然也有维护其国家利益的考量。作为澳大利亚的近邻，瓦努阿图无论是在国家安全领域，还是在地缘政治方面，甚至在社会文化关系层面，都是澳大利亚的利益攸关者。正因如此，澳大利亚对瓦努阿图的援助一直是澳大利亚援助外交的重点所在，即使在澳大利亚总体缩减对外援助的情况下，对瓦努阿图的援助也仍然处于上升趋势。

（一）　稳定周边局势，维护国家安全的需要

从国家安全方面衡量，瓦努阿图的地理位置对澳大利亚具有重要的战略价值。瓦努阿图位于南太平洋西部，位于南纬 13 度到南纬 23 度、东经 166 度至东经 172 度之间，南北距离约 850 公里，距澳大利亚东岸约 1750 公里。正是因为瓦努阿图的地理位置具有重要的战略意义，二战期间，美军曾经在瓦努阿图的桑托岛建立了美国在太平洋地区最大的军事基地，以遏制日军南下，并通过瓦努阿图（时称新赫布里底）向北驱进，攻打被日军占领的地区。因此，对于澳大利业来说，与瓦努阿图保持良好的关系可以使澳大利亚牢牢控制本地区的重要战略通道。

澳大利亚认为，包括瓦努阿图在内的太平洋岛国的安全与澳大利亚的本土安全有紧密的关系。瓦努阿图作为澳大利亚的邻国，其发展的落后和有限的就业机会，会对澳大利亚的周边安全造成隐患。澳大利亚通过对外援助，可以尽可能消除周边安全隐患，巩固周边局势稳定。这也是澳大利亚对瓦努阿图的援助一直呈上升趋势的原因之一。2014 年 8 月，在第 45 届太平洋岛

① Hans Morgenthau, "A Political Theory of Foreign Aid," *American Political Science Review*, Vol. 56, No. 2, 1962, pp. 301 – 309.

国论坛领导人会议期间，澳大利亚副总理沃伦·特拉斯（Warren Truss）在帕劳科罗尔市宣布，将从 2018 年开始向包括瓦努阿图在内的 12 个太平洋岛国捐助总额为 20 亿澳元（约合 115 亿元人民币）的巡逻艇，以保护海洋资源。特拉斯还表示，澳大利亚将在 2018 年年底前向太平洋地区渔业组织援助 4000 万澳元（约合 2.3 亿元人民币），同时宣布了两项配套措施，以加强太平洋岛国的海洋安全能力。① 通过提高这些国家的海洋安全与防务能力，澳大利亚的国土安全和社会安全也会在一定程度上得到更好的保证。

同时，近年来的全球气候变暖给包括瓦努阿图在内的太平洋岛国带来严重的威胁。随着全球变暖，海平面上升将会引起一些不可逆转的变化，如一些沿岸地区会被淹没，海上洋流会发生异常，水源盐度上升，鱼类的地区分布和数量将会改变，以及热带飓风和干旱等极端气候灾难频发，从而使许多太平洋岛国的居民沦为气候难民，被迫迁往别的国家。作为本地区最大、最发达的国家，澳大利亚是这些岛国气候难民的首选避难国。而大量气候难民的涌入将会给澳大利亚的国土安全、社会安全等方面造成严重的后果。因此，通过援助帮助这些国家预防气候变化带来的危害，是维护澳大利亚国家利益的重要举措。

（二）维护澳大利亚在太平洋地区主导地位的需要

第二次世界大战之后，澳大利亚的外交战略随着世界大格局、大形势的变化而不断调整。战后初期，外交战略长期呈现消极保守的特征。从 1950 年到 1972 年，澳大利亚实施冷战对抗性质的前沿防御战略。20 世纪 70 年代，独立性及本国特色得以展现，澳大利亚开始确立积极主动的外交政策，逐步实施促进和平、发展的睦邻合作战略。自 20 世纪 80 年代以来，澳大利亚在世界舞台上给自己的定位是"中等强国"。为了推进"独立自主"的中等强国外交战略，作为地区最大、最强的国家，澳大利亚需要通过各种手段来维持和巩固其在本地区的主导地位。对外援助作为澳大利亚"中等强国"外交战略中的重要部分，不仅成为澳大利亚发挥其外交影响力的重要方式，也是澳大利亚与本地区其他国家建立政治互信的一种重要外交手段。同时，通过对外援助，澳大利亚可以输出包括价值观在内的意识形态，削弱太平洋地区以美

---

① 新华社："Australia Gives Pacific Island Nations over 3 bln AUD in Patrol Boats and Aid," http：//news. xinhuanet. com/english/world/2014 - 08/01/c_ 133525029. htm。

拉尼西亚文化、波利尼西亚文化为主导的传统价值，特别是与主权有关的传统价值，从而保证澳大利亚的对外援助能够更加有效地为扩大国家利益服务。

从历史上来看，澳大利亚一直自称对包括瓦努阿图在内的太平洋地区负有特殊责任；瓦努阿图也一直是澳大利亚的传统势力范围，与澳大利亚一直保持着紧密的关系。但近年来，随着美国"重返亚太"战略的推进和中国在南太地区影响力的逐渐增长，以及日本、欧盟、俄罗斯、印度等势力对太平洋地区事务的介入，澳大利亚感觉自己在本地区的主导地位受到了威胁。因此，加强与邻国的关系，拉拢邻国继续支持澳大利亚在本地区的主导地位，就成为澳大利亚援助外交的重点所在，而继续把瓦努阿图等近邻建设成澳大利亚的"后院"，对于发挥澳大利亚在南太平洋地区的主导地位尤为重要。这也是为什么在总体减少对外援助的情况下，澳大利亚却增加了对包括瓦努阿图在内的太平洋岛国的援助的主要原因。

（三）塑造澳大利亚大国威望的需要

欧洲移民秉承的"上帝的选民"的理念深深影响着澳大利亚的外交理念。从澳大利亚内部文化和社会因素看，澳大利亚继承了欧洲的政治文化，强调民主、人权、平等和发展等一系列政治价值目标，认为在亚太地区宣传和推行这些理念，促进以市场经济、自由民主和个人权利为核心的西方价值观是澳大利亚义不容辞的责任。澳大利亚一直都梦想成为在地区事务和世界舞台上有影响力的一员，不仅能够驾驭自己的未来，还有能力影响地区和世界形势，故而谋求更大的发言权和战略分量。因此，它在跟自己利益攸关的亚太地区竭力发挥更大的政治影响力，提升在全球事务中的决策分量，提升澳大利亚的地区和国际形象，塑造大国威望，谋求发挥更大影响力。

同时，从其秉承的文化理念出发，澳大利亚认为，作为太平洋地区的大国、富国，它有责任和义务帮助包括瓦努阿图在内的贫困国家摆脱贫困，走上富裕民主之路。正如澳大利亚外交贸易部官方网站所说，"许多瓦努阿图人生活在贫困中，拥有很差的卫生条件，没有受教育的机会。作为瓦努阿图的邻国，澳大利亚有条件与瓦政府和民间团体紧密合作，来帮助瓦努阿图的社会发展。澳大利亚能够也正在改变瓦努阿图"。[①] 通过实施援助，澳大利

---

① 澳大利亚外交贸易部："Why We Aid," http：//aid. dfat. gov. au/countries/pacific/vanuatu/
Pages/default. aspx，最后访问日期：2015 年 1 月 20 日。

亚能够拉近受援国与澳大利亚的关系，提升澳大利亚在受援国民众中的大国威望。

三　澳大利亚对瓦努阿图援助外交的趋势及不足

近年来，随着澳大利亚对外援助政策的调整，澳大利亚对外援助的额度总体呈下降趋势。不过，对瓦努阿图等近邻的援助力度却在不断加大。此外，随着外界对澳大利亚对外援助政策批评的增加，澳大利亚也在不断调整其对外援助的渠道和方式。总体而言，尽管援助的政治色彩依然浓厚，但澳大利亚对瓦努阿图的援助不仅力度增大了，而且方式也更趋灵活。

（一）澳大利亚对瓦努阿图援助外交的趋势

第一，近年来澳大利亚对瓦努阿图的援助力度呈现不断加大的趋势。在多数太平洋岛国的国民生产总值和政府公共开支中，澳大利亚的援助占有相当大的比重。近年来，尽管澳大利亚政府宣布减少对外援助的总额，但在太平洋地区却并非如此。

2013～2014年度，澳大利亚在本地区的援助总额为1.119亿澳元，2014～2015年度的援助预算为11.527亿澳元，比上一年度增加8.5%。[①] 近年来澳大利亚对近邻瓦努阿图的援助额度也在不断增加。以澳大利亚对瓦努阿图的官方开发援助为例，2002～2003年度，澳大利亚对瓦努阿图的官方开发援助金额约为2000万澳元，而到了2013～2014年度，援助额度已经超过7000万澳元。

第二，澳大利亚对瓦努阿图的援助更倾向于加强瓦努阿图本国的能力建设。近年来，澳大利亚对瓦努阿图的援助主要集中在瓦努阿图的市场开发方面，这也是瓦努阿图经济发展相对占有优势的领域。另外，通过帮助瓦努阿图国有企业定期改革，澳大利亚旨在帮助瓦努阿图建立有利于经济发展的环境。同时澳大利亚政府也参与了瓦努阿图基础建设与公共设施部《基础建设2009～2011年长期计划》的制订与实施。

---

① 澳大利亚外交贸易部："How We Are Helping," http：//dfat. gov. au/about – us/publications/ Pages/vanuatu – aid – program – performance – report – 2014 – 15. aspx，最后访问日期：2015年 10月30日。

同时，澳大利亚的援助还注重瓦努阿图的基础设施建设及本国资源的开发与利用。旅游业是瓦努阿图的重要产业，旅游收入约占瓦努阿图国内生产总值的18%。2013年12月，澳大利亚外交部长朱莉·毕晓普在访问太平洋三国期间指出，澳大利亚准备一揽子援助瓦努阿图3700万澳元，用于改善瓦努阿图的道路状况。这笔资金将用于长约350公里的主干道的第二期工程。她对"澳大利亚之声"电台说："瓦努阿图是一个旅游中心，因此改善道路状况将会帮助瓦更好地利用旅游市场。"① 帮助瓦努阿图建设旅游基础设施并扩大游客容纳量，不仅可以为当地人提供更多的就业机会，也能进一步促进瓦努阿图旅游业的发展。这些援助项目的开展，不仅可以提高瓦努阿图的经济发展水平，也可以促使瓦努阿图逐步走上自力更生、独立发展的道路。此外，澳大利亚还通过各种培训项目和奖学金项目，为瓦努阿图培养本土人才并积蓄技术力量，帮助瓦努阿图加强自身的能力建设。

第三，澳大利亚开始重视对瓦努阿图援助的有效性。

对外援助的效用问题是学界长期争执不休的问题，主要的争论点集中在外援是否能促进经济发展、外援失败的原因以及如何提高援助效率等方面。事实上，对于这一问题的争论还涉及外援的前景，即是否需要取消没有益处甚至还会产生政治经济危害的对外援助活动，在全球化背景下外资和外贸是否会继续挤占甚至终结外援的存在空间等。

近年来，澳大利亚在增加对瓦努阿图的援助额度的同时，也开始关注对瓦努阿图援助的有效性。例如，2009年4月，澳大利亚高级专员公署和瓦努阿图南太平洋大学副校长签署换文，澳大利亚政府对南太平洋大学增加80万澳元援款，致力于该校多项关键改革以提高该校财务、行政管理和学生科研能力。由于近年来南太平洋大学在财务管理、人力资源和规划改革以及提高教学研究水平等方面完成了绩效目标，澳大利亚政府在原有援助基础上增加了该款项。澳大利亚政府将基于外援有效性的研究决定未来对瓦援助的方向和额度。

2014年6月18日，澳大利亚外长毕晓普宣布，澳对外援助将有"翻天覆地"的变化，澳对外援助项目将重点关注本地区的国家，其中90%都将

---

① 澳大利亚外交贸易部："Foreign Minister Visits Solomon Islands, Vanuatu and Nauru," http：//aid. dfat. gov. au/LatestNews/Pages/foreign - minister - visits - solomon - islands - vanuatu - and - nauru. aspx，最后访问日期：2014年2月12日。

转向澳"近邻"，即印度洋－太平洋地区。同时，为取得更好的援助效果，接受援助的外国政府需要与澳政府签订表现基准协议，确保受援国政府对执行援助项目切实负起责任。① 随着澳大利亚对外援助政策的改变，澳大利亚对瓦努阿图援助的有效性也将成为澳对瓦援助的一个更主要的衡量因素。

（二）澳大利亚对瓦努阿图援助外交的不足

尽管澳大利亚是瓦努阿图最大的援助国，其援助对瓦努阿图各方面的发展起到了重要的作用，但仍然存在一些不足。这些不足主要表现在两个方面：其一是援助的政治色彩依然比较浓厚；其二是援助的有效性还有待增强。

第一，澳大利亚对瓦努阿图的援助依然带有强烈的政治色彩。众多关于对外援助的理论表明，援助国的国家利益往往表现在援助附加条件上。经济条件主要是限定受援国购买援助国的产品和要求受援国进行经济结构调整与改革。政治条件则是要求受援国进行政治改革，实行民主化，改善人权状况等。为了更好地实现国家利益，在对受援国施加影响时，援助国往往采取"胡萝卜加大棒"的政策，将民主、人权、法制和良政等作为提供发展援助的先决条件。

澳大利亚对瓦努阿图的援助以政治条件为前提，主要是为了澳大利亚的安全与外交利益。2004 年，瓦努阿图时任总理沃霍尔（Serge Vohor）重新任用因被指控犯罪而遭弹劾的官员，这在瓦努阿图国内引发了一系列混乱。澳大利亚政府对此做出强烈反应，认为沃霍尔此举将会给本地区的安全带来隐患，因此威胁称如果瓦努阿图政府不能采取严厉的反腐措施，将减少对瓦援助。2008 年以前，瓦努阿图从未向其他政府或国际组织泄露离岸金融业给其带来的具体经济收益。澳大利亚为了巩固本国的地区主导地位，展示在本地区的领导形象，对瓦努阿图施加压力，再次威胁，如果瓦努阿图政府不能提高离岸金融服务业的透明度，澳大利亚将减少对瓦努阿图的援助。因此，澳大利亚对瓦努阿图的援助带有强烈的政治色彩。

第二，澳大利亚对瓦努阿图援助的有效性还有待加强。对外援助的有效

---

① Latika Bourke："Donor Countries Given Performance Benchmarks for Australian Foreign Aid under Changes Announced by Julie Bishop," ABC, June 18, 2014, http://www. abc. net. au/news/ 2014 - 06 - 18/cocentries - given - performance - benchmewks - for - foreign - aid/5531106。

性很大程度上取决于援助国与受援国双方的合作与配合，尤其是受援国的"软环境"。对发展中国家的援助，很多时候是给当地政府提供资源，如果政府的出发点是坏的，或者它只为少数人的利益服务，援助并不能改善贫困人口的状况，有时甚至会让情况变得更糟。而即使政府的出发点是好的，它也可能因为制定、执行政策的能力有限，无法达到预期的目的。在很多情况下，援助对经济增长并没有显著的贡献。为了提高援助的效果，援助国与受援国应共同努力，给援助项目设置特定的条件，或根据以往的效果来确定未来的援助力度。

近年来，尽管澳大利亚开始注意对瓦努阿图援助的有效性，根据以往援助的结果，在对瓦援助的领域及数额方面有了一定的调整。但是，澳大利亚官方目前没有专门的机构对援助的有效性进行评估，也没有对有效性进行研究。因此，澳大利亚政府应加强与瓦努阿图各部门的合作，并通过加强监督的方式提高援助的有效性。

结　语

冷战结束后，澳大利亚为了继续保持其在南太平洋地区的主导地位，确保稳定的周边环境以及塑造其"中等强国"的国际威望和声誉，历届政府都非常重视对其"后院"的经营。其中，积极开展对瓦努阿图等近邻国家的援助外交是澳大利亚维系其与太平洋国家特殊关系的重要渠道和手段。澳大利亚对瓦努阿图的援助几乎涵盖了瓦努阿图经济、政治、社会生活的方方面面，尤其是在帮助瓦努阿图减少贫困、提高人民生活质量、促进社会平等和培育良治政府等方面都起到了积极的作用。同时，澳大利亚也在瓦努阿图塑造了良好的国家形象，使双方关系更为密切。不过，鉴于澳大利亚对瓦努阿图援助的诸多政治附加条件，澳大利亚的援助外交也遭到了瓦努阿图和国际社会的诟病。尽管近年来澳大利亚对瓦努阿图的援助开始注重淡化政治色彩，并逐渐增多有助于瓦努阿图加强自身能力建设的援助项目，但是澳大利亚援助的有效性还有待时间的检验。

对于瓦努阿图来说，外部的援助对于本国经济社会的发展有着一定的促进作用，然而，国家的发展不可能完全寄托于其他国家的援助。国家综合实力的提高取决于地区资源、人力资源、技术水平、制度环境等诸多因素，绝对不是仅仅依靠援助可以实现的。目前，瓦努阿图政府也已经意识到了这一点，正在积极探索适合自己的发展道路。作为瓦努阿图最大的援助国，澳大利亚也应该意识到，借援助之名干涉他国内政、谋求政治特权的援助外交是不可能成功的。只有建立在尊重瓦努阿图自主选择发展模式和发展道路基础上的援助，才能真正有助于瓦努阿图良政的建立，促进瓦努阿图社会的发展与进步，才能促进两国间稳定友好关系的建立，真正发挥援助外交维护和促进本国国家利益的作用。

An Analysis on Australian Aid Diplomacy to Vanuatu

HAN Yuping

Abstract：As an important part of the foreign policies of Australia, aid diplomacy is an essential tie to maintain the special relations between Australia and the Pacific Island countries, such as Vanuatu. In recent years, Australia has decreased its total sum of aid to other countries, but increased its aid to Vanuatu due to the factors of national security, geo-politics and culture. As the biggest donor country to Vanuatu, Australia has aided Vanuatu in the fields of education, health, women, economic development and good governance, and has paid special attention to Vanuatu's ability development. However, great importance has been attached to Vanuatu's politics during the aiding process, which has made Australian aid less efficient to some extent.

Keywords：Australia；Vanuatu；Aid Diplomacy

日本对帕劳的政府开发援助
及其动因评析[*]

李德芳[**]

摘要： 经济援助是日本维护国家利益、获取国际声望和提升软实力的重要手段。帕劳重要的战略位置和丰富的海洋资源及其曾经作为日本殖民地的历史，使得帕劳成为日本重要的政府开发援助对象。日本对帕劳的援助既有获取海洋资源的经济利益考量和加大国际政治投资的意图，也有安全需求的考量。日本对帕劳的政府开发援助始于20世纪80年代，以无偿的资金援助和技术合作援助为主，基础设施建设和渔业是援助的重点领域。日本对帕劳的政府开发援助促进了帕劳经济社会的现代化进程，推动了日本与帕劳双边关系的发展，但也极大地改变了帕劳传统的经济模式和社会生活方式，加剧了帕劳经济的脆弱性和依赖性。

关键词： 政府开发援助　援助外交　日本　帕劳

日本的政府开发援助（Official Development Assistance，简称ODA）始于1954年的科伦坡计划（Colombo Plan）[①]，起初主要是对二战中遭受日本侵略的东南亚国家进行赔偿，以获得这些国家对日本成为一个"正常"国

* 本文为国家社科基金重点课题"太平洋岛国研究"（15AZD043）阶段性成果。
** 李德芳，博士，聊城大学政治与公共管理学院讲师，太平洋岛国研究中心研究人员。
① 科伦坡计划是世界上第一批援助计划之一，它在20世纪50年代由英联邦国家发起，旨在通过资金和技术援助、教育及培训计划等形式的国际合作，推动南亚和东南亚地区的社会经济发展。该计划是英美冷战计划的一部分，也是扩大西方影响的重要工具。

家的支持。20 世纪 60 年代，日本在经济全面复苏并迅速增长的基础上，开始了全面的援助行动。虽然日本对帕劳的 ODA 开展得比较晚，但是鉴于帕劳在历史上与日本的"特殊关系"以及帕劳重要的战略地位，日本对帕劳的援助额度和深度都比较大，对帕劳产生的影响也较大。日本对帕劳的援助始于 1981 年，以资金援助和技术合作援助为主。帕劳独立后，日本对帕劳的 ODA 呈现不断上升的趋势。尤其是随着近年来大国在太平洋岛国地区战略博弈的不断升温，日本也更加看重通过援助外交增强其在大国博弈中的筹码。因此，考察日本对帕劳 ODA 的历程，剖析其援助外交的动因，有助于了解援助外交在其所实施的太平洋岛国地区战略中的作用及其趋势。

一　日本对帕劳 ODA 的动因

国际关系现实主义大师汉斯·摩根索（Hans Morgenthau）曾经指出，"对外援助的形式是多样的，但是本质都是政治性的，主要目的是要维护和促进国家的利益"。① 日本对帕劳的 ODA 也有着现实的外交目标和利益诉求。

（一）经济利益考量：保障日本获取太平洋岛国地区的海洋资源

日本作为一个海洋国家和渔业大国，其食品和能源严重依赖他国，因此，保障和不断获取丰富的海洋资源，既是其重要的经济利益所在，也是维护其海洋大国地位、确保其经济安全的重要举措。太平洋岛国地区丰富的海洋资源，尤其是帕劳海域的金枪鱼资源，无疑对日本有着巨大的吸引力。

帕劳拥有广袤的海域，渔业资源丰富。据统计，帕劳海域共有 1300 种鱼，② 尤为盛产金枪鱼。而日本不仅是渔业生产大国，而且也是世界上最大的鱼类消费国之一，尤其是金枪鱼在日本有着巨大的消费市场。因此，早在

---

① Hans Morgenthau, "A Political Theory of Foreign Aid," *American Political Science Review*, Vol. 56, No. 2, 1962, pp. 301 – 309.

② "The Republic of Palau Exclusive Economic Zone: Monitoring, Control and Surveillance (the Next Five Years 2016 – 2021)," http://palaugov. pw/wp – content/uploads/2016/05/palau_ mcs_ strategic_ plan_ final. pdf, p. 7.

20 世纪 20 年代日本统治帕劳期间，日本政府就开始着手将帕劳和密克罗尼西亚扩展为其重要的渔业基地。从 1932 年起，日本渔船开始从冲绳出发远赴帕劳海域捕捞金枪鱼。为扩大在帕劳海域的金枪鱼捕捞，日本南海殖民政府（Nanyocho，成立于 1922 年）还在帕劳科罗尔设立了南海渔业公司（Nanko Fishery Corporation）。到 1937 年，金枪鱼产业已经成为日本南海殖民政府的第二大产业，仅次于马里亚纳群岛的糖业。其中，40% 的金枪鱼产自帕劳海域。[①] 尽管二战后日本失去了对帕劳的占领权，但是帕劳海域仍然是日本积极争取的远洋渔场。20 世纪 80 年代帕劳立宪政府成立后，日本开始积极通过经济援助的手段力图重新掌控帕劳海域的渔业捕捞权。帕劳独立后，日本在对帕劳渔业进行开发援助的同时，更是不断要求获取更多在帕劳海域捕捞金枪鱼的许可证。事实上，对外国渔业的援助一直是日本取得相关援助国海域的捕鱼许可证或降低许可证费用的一种有效方式。日本对帕劳渔业提供开发援助，其首要目的也是为了保证日本在帕劳海域的海洋捕捞作业权。

此外，帕劳海域丰富的海洋矿藏对于资源匮乏的日本也有着巨大的吸引力。通过 ODA 帮助帕劳等太平洋岛国发展经济，一方面可以促进这些国家社会的稳定与发展，另一方面也可以促进日本与这些国家之间友好关系的建立，从而为日本从这些国家和地区获取丰富的自然资源提供保障，这对日本的发展是至关重要的。因此，经济利益的考量成为日本开展太平洋岛国地区 ODA 的首要动因，即实现其在太平洋岛国地区获取海洋资源的目标，尤其是确保金枪鱼、鲣鱼等渔业资源及天然气的持续供应，确保其长远资源利益。

（二）政治意图：增强日本国际政治投资的需要

日本的官方发展援助也是日本进行国际政治投资、获取国际声望的有效手段。受二战"战败国"和"敌对国家"身份的束缚，尽管日本经济在二战后迅速得到恢复和发展，但其在国际社会几乎没有多少发言权。1956 年，在美国的操纵下，日本成为联合国会员国，日本找到了一条恢复"正常"国家身份，进而迈向"政治大国"的途径。1957 年，日本政府首部外交蓝

---

① Takashi Mita, *Japan's Development Assistance in the Republic of Palau: Community Impacts and Effects*, Bell & Howell Information and Learning Company, 2001, pp. 37 – 39.

皮书就明确提出，今后日本的外交中心就是联合国，不断扩大其在联合国的话语权成为日本孜孜以求的政治目标。1980 年，日本首次提出将"入常"纳入其"政治大国战略轨道"。而要成为联合国安理会常任理事国，必须得到包括 5 个常任理事国在内的 2/3 以上的联合国会员国的支持和批准。因此，日本从 20 世纪 80 年代开始，就积极通过援助外交在国际社会寻求"入常"的支持者。而太平洋岛国在联合国大会上的 12 张选票使其成为日本积极争取和拉拢的对象。此外，这些小岛国也是决定日本能否控制国际捕鲸委员会会议，支持日本提出的恢复商业捕鲸动议的重要"票仓"。因此，太平洋岛国成为日本国际政治投资的重点区域之一。太平洋岛国大多国土面积狭小，人口稀少，日本拿出的很小的一笔援助资金也占像帕劳这样的小岛国的国家收入的很大一部分。因此，通过援助外交，换取帕劳等太平洋岛国对日本的支持，加强其"入常"支持面的基础，无疑是日本政府非常合算的交易。

从 20 世纪 80 年代初开始，日本通过向帕劳等太平洋岛国提供 ODA，不断增强在这一地区的影响力。自 1997 年起，日本又通过设立"日本和太平洋岛国首脑峰会"这一政府高层论坛，积极发展与太平洋岛国的关系。在每次峰会上日本都会宣布向太平洋岛国提供大量经济援助，以换取岛国对其"入常"的支持。例如，在 2009 年第五届"日本和太平洋岛国首脑峰会"上，日本宣布向太平洋岛国提供 500 亿日元的经济援助。作为回报，此次大会的宣言特别写入了"支持日本积极参与联合国所有的和平事业"的话语，表达了与会的 14 个太平洋岛国对日本"入常"的支持。[①] 2016 年是日本加入联合国 60 周年，日本也把这一年看作其"入常"的契机。为了获得更多的支持，日本政府把 2015 年和 2016 年定为其"入常"的"具体行动年"，在外交上也采取了一系列的重大举措。为获取太平洋岛国对日本"入常"的支持，在 2015 年第七届"日本和太平洋岛国首脑峰会"召开前夕，日本高调宣布向太平洋岛国提供 1500 亿日元的经济援助。[②] 在这种"撒钱"外交的推动下，日本赢得了战后 70 年来最好的外交局面。经过几十年的援助外交的运作，日本已经成为太平洋岛国地区最大的援助国之一，

---

① 《日本援助太平洋岛国 500 亿希望支持其入常》，《环球时报》2009 年 5 月 23 日，http://news.21cn.com/world/guojisaomiao/a/2009/0523/17/6324823.shtml。

② 《外媒：日本全力拉拢太平洋岛国谋求"入常"支持》，《参考消息》，2015 年 5 月 23 日，http://www.cankaoxiaoxi.com/world/20150523/791469.shtml。

日本也因此塑造了"合作"国家的国际形象。目前，大部分太平洋岛国都属于"亲日"的国家，是日本在联合国的重要"票仓"。日本在帕劳的ODA也是日本提升其国际地位的政治投资。这也是日本积极参与援助太平洋岛国的一个深层原因。

（三）安全需要：寻求盟友和支持，与美国保持一致

二战后，日本丧失了独立拥有军队的权利，在安全上完全依赖美国的庇护。以1952年生效的《日美安全保障条约》为标志，日美军事同盟正式形成，日本成为美国在亚洲的重要盟友。为了在政治发展和国家安全上得到美国的支持，日本在政治、军事和外交领域与美国保持着高度一致。因此，承载着政治、经济目标的日本ODA，在选择援助目标时，首先考虑的是该受援国是不是属于美国阵营的国家或者是不是它的西方盟友，帕劳无疑是符合这一条件的国家之一。

而帕劳重要的地理位置也是日本看重并积极援助帕劳的重要因素。帕劳位于西加罗林群岛的最西端，是从太平洋进入东南亚的门户之一。帕劳西部距离菲律宾仅有880公里，东与密克罗尼西亚联邦为邻，南部与印度尼西亚、巴布亚新几内亚隔海相望，北部距离关岛仅有1126公里，距离日本4000公里，战略位置十分重要。因此，日本从一战期间就开始在帕劳进行经营，到20世纪30年代，在帕劳居住的日本人差不多是当地帕劳人的3倍。二战期间，日本更是把帕劳打造为其在太平洋上的重要军事基地。二战后，日本被迫从帕劳撤离，但日本一直觊觎帕劳这个与其海沟相连、隔海相望的海洋战略要地。然而在冷战初期，日本对美国托管之下的帕劳所能施加的影响非常有限。直到20世纪80年代帕劳立宪政府建立后，日本才开始向帕劳提供经济援助，并以此增强日本在帕劳的存在感。帕劳独立后，日本对帕劳的援助增长迅速，并逐渐取代美国成为帕劳最大的援助国。究其原因，与美国保持一致的外交政策、亚洲的地缘政治以及日本的海洋大国战略等安全因素，是日本对帕劳开展外交的主要动机之一。

此外，日本对帕劳开展ODA也有着人道主义的考量。帕劳作为日本的前殖民地，在二战期间曾经遭受重大的损失，社会经济发展落后。而日本的发展经历也使日本意识到国际社会的相互依赖性，环境保护等各类全球性问题单靠一个国家无法解决，即便是发达国家也不行。因此，日本在1992年的《ODA宪章》中明确表示，日本要从人道主义出发援助发展中

国家那些遭受饥饿与贫穷的人们。2003 年修订的《ODA 宪章》，更是突出了援助和扶持发展中国家"自助"的宗旨。太平洋岛国与日本同为岛国，环境相似，面临共同难题。人道主义考量无疑也是日本援助帕劳的动因之一。

二 日本对帕劳 ODA 的实施

日本对帕劳的 ODA 始于 20 世纪 80 年代，但一开始援助的规模和数量都非常有限。1994 年帕劳取得独立后，日本与帕劳迅速建交，大规模的官方发展援助也随之而来，日本逐渐取代美国成为帕劳最大的援助国。日本的 ODA 主要采取资金援助、技术合作援助、贷款援助和多边援助的形式。对帕劳的援助主要以资金援助为主，技术合作援助和通过国际组织进行的多边援助也占一定的比重，目前日本对帕劳的援助形式中没有贷款援助。

（一）资金援助

资金援助是日本 ODA 的重要组成部分，由日本外务省和日本国际协力机构（JICA）共同管理，主要是为发展中国家的经济和社会发展提供资金支持，以帮助这些国家得到充足的项目实施资金。资金援助属于一种无偿援助，不需要受援国偿还，这对于最不发达国家而言无疑是最好的援助方式。包括帕劳在内的太平洋岛国，大多属于经济落后或弱小的国家，因此，日本对帕劳提供的 ODA 大部分属于资金援助，[①] 21 世纪之前尤为如此。

自 1981 年帕劳建立宪政政府后，日本就开始向帕劳提供资金援助。日本外务省的统计数据显示，1981～1993 年，日本向帕劳总共提供了45.68 亿日元（约合 2861 万美元）的资金援助，援助项目主要集中在渔业开发、道路建设、供水和供电等基本经济领域和基础设施建设方面（参见表 1）。

---

① 日本 ODA 资金援助分为六种：一般资金援助、渔业资金援助、文化资金援助、紧急事件资金援助、食品资金援助以及为提高食品生产能力提供的资金援助。

表 1　1981～1993 年日本对帕劳的 ODA 资金援助项目

年份	资金援助项目	数额 (亿日元)	平均年汇率 (日元:美元)	数额 (万美元)
1981	小型渔业项目	3.2	220.53	145
1982	椰子农业	2.4	249.26	96
1983		0	237.51	0
1984	巴伯尔图阿普岛电力线路	2.7	237.61	114
1985	巴伯尔图阿普岛电力线路	4.86	238.05	204
1986		0	168.03	0
1987	渔业开发/道路建设	4.51	144.52	312
1988	渔业开发/道路建设	3.3	128.20	257
1989	渔业开发/道路建设	4.93	138.12	357
1990	供水	4.14	144.88	286
1991	供水	4.04	134.59	300
1992	供水/小型沿岸渔业开发	4.69	126.62	370
1993	电力供应/佩里琉州农村渔业开发	6.91	111.06	622

资料来源：Takashi Mita, *Japan's Development Assistance in the Republic of Palau: Community Impacts and Effects*, Bell & Howell Information and Learning Company, 2001, p. 135。

帕劳独立后，日本增加了对帕劳的 ODA 额度，尤其是 1996 年，日本向帕劳提供了 14.74 亿日元的资金援助（参见表 2）。

表 2　1994～1998 年日本对帕劳的 ODA 资金援助项目

年份	资金援助项目	数额 (亿日元)	平均年汇率 (日元:美元)	数额 (万美元)
1994	电力供应/鱼市场改善工程	6.91	102.18	676
1995	电力供应/小型渔业开发	3.78	93.97	402
1996	电力供应/渔业设施	14.74	108.81	1355
1997	电力供应	5.19	120.92	429
1998	帕劳国际珊瑚中心/新科罗尔－巴伯尔图阿普岛大桥/电力供应/佩里琉州的渔业开发	9.79	128.08	764

资料来源：Takashi Mita, *Japan's Development Assistance in the Republic of Palau: Community Impacts and Effects*, Bell & Howell Information and Learning Company, 2001, p. 135。

20 世纪 90 年代日本向帕劳提供的资金援助主要流向渔业开发、改善渔业贸易、电力发展等领域，渔业依旧是日本对帕劳 ODA 的重点领域。从 1992 年到 1998 年间，日本共在帕劳实施了 6 项渔业援助项目，总援助金额达 12.9 亿日元，占日本对帕劳资金援助的 25% 左右（参见表 3）。除了渔业外，日本为帕劳提供的电力供应项目和供水项目，对帕劳电网和供水系统的建立和完善起到了重大的促进作用。其他的主要资金援助项目还有耗资 2800 万美元的新科罗尔－巴伯尔图阿普岛大桥项目（the K－B Bridge）和耗资 660 万美元的帕劳国际珊瑚中心（the Palau International Coral Center）的建设。这些项目有力地推动了帕劳经济和社会的发展。

表 3　20 世纪 90 年代日本在帕劳实施的渔业援助开发项目

年份	项目名称	援助数额（亿日元）
1992	小型近海渔业开发项目	0.96
1993	佩里琉州农村渔业开发项目	1.10
1994	渔业市场改善项目	2.23
1995	小型渔业开发项目	1.90
1996	渔业设施项目	3.03
1998	佩里琉州农村渔业开发项目	3.68

资料来源：Takashi Mita, *Japan's Development Assistance in the Republic of Palau: Community Impacts and Effects*, Bell & Howell Information and Learning Company, 2001, p. 71。

进入 21 世纪后，随着大国在太平洋地区竞争的加剧，为了增加自己的竞争筹码，日本对帕劳等太平洋岛国的援助无论是从规模上还是从数量上都在不断扩大和增长，尤其是 1997 年"日本和太平洋岛国首脑峰会"高层论坛设立以来，日本更是加大了对帕劳等太平洋岛国的援助力度。其中，对帕劳的援助主要还是集中在资金援助和技术合作援助方面。2012 年，日本对帕劳的援助额度高达 19.81 亿日元，其中资金援助额度为 18.31 亿日元（参见表 4）。

近年来，日本对帕劳资金援助的大部分被用于帕劳电网建设和帕劳乡村供电能力项目，还有少部分被用于日本非政府组织援助项目和"草根人群安全援助项目"。2015 年，日本为帕劳"供水系统改造项目"提供了 18.43 亿日元的 ODA 援助资金。① 此外，日本也是帕劳清除二战残留武器的重要

① 日本外务省网站，http://www.mofa.go.jp/policy/oda/page23_000042.html#oceania。

表4　2010～2014年日本对帕劳的资金援助及技术合作援助情况

单位：亿日元

年份	资金援助	技术合作援助
2010	0.44	3.15
2011	3.41	2.58
2012	18.31	1.50
2013	1.44	2.30
2014	1.14	2.49

资料来源：日本外务省："Japan's ODA Data by Country – Palau，"http：//www.mofa.go.jp/mofaj/gaiko/oda/files/000142995.pdf。

援助国，从2013年5月开始，日本向帕劳派出专门的地雷清除行动服务队帮助帕劳清除二战中残留在帕劳海底的炸弹。

（二）技术合作援助

技术合作援助是日本ODA的重要组成部分，旨在为发展中国家培养技术人员，以增强受援国的国家建设能力。技术合作援助主要由日本国际协力机构负责实施，主要援助方式包括接受来自受援国的受训者、向受援国派出专家、为受援国提供设备和材料，以及实施把这三者结合在一起的技术合作项目和开发研究等。此外，向受援国派出日本海外合作志愿者，也是技术合作援助的一部分。不过，日本的技术合作援助是有选择性的，受训者一般是受援国中有身份地位的中产阶级人士。这些受训者通过学习日本的高科技知识，可以在本国获得更高的社会地位甚或登上国家领导人的位置，他们对于日本自然是心怀感激，最起码是怀有亲近感。包括帕劳在内的太平洋岛国的国家领导人和政府高官中，很多都是日本技术合作援助的受益者，他们领导下的政府自然倾向于与日本保持友好的关系。这对于日本来说，无疑是合算的"交易"。

日本对帕劳的技术合作援助主要分为两部分：一是由日本国际协力机构提供的技术援助，主要包括向帕劳派遣志愿者、研究人员，接受帕劳的受训者和实习生，以及向帕劳提供技术设备支持；二是由日本青年海外协力队（Japan Overseas Cooperation Volunteers）向帕劳派遣志愿者帮助帕劳发展经济和社会。

在ODA支出中，技术合作援助的金额相对较少。整个20世纪80年代，日本仅向帕劳提供了约 9.42 亿日元的技术合作援助资金，而同期日本向帕劳提供的资金援助为 25.9 亿日元。① 进入 21 世纪以来，尤其是近几年，日本对帕劳的技术合作援助有了大幅提高，仅从 2010 年至 2014 年日本就向帕劳提供了 12.02 亿日元的技术合作资金（参见表 4），其中通过日本国际协力机构提供的援助为 11.87 亿日元，其他技术合作援助由相关机构和地方政府实施。②

　　早期日本对帕劳的技术合作援助主要以接受帕劳的受训者、派出研究人员为主。截至 1998 年，日本共接受帕劳受训者 83 人，派出研究者 182 人。从 1998 年开始，日本国际协力机构开始向帕劳派遣志愿者，当年派出 10 人，1999 年派出 26 人。日本国际协力机构向帕劳派出的人员主要包括护士、体育训练员、青年活动咨询员、营养学家、无线电通信工程师、统计学家、家禽家畜养殖家、社区发展咨询员、教师、渔船工程师、测量员等专业人员。③ 由日本青年海外协力队派出的志愿者以教师和技术工人为主，他们主要在帕劳的乡村学校和渔业组织中工作，帮助帕劳促进经济和社会的发展。

（三）多边援助

　　此外，日本也通过国际组织和日本的非政府组织向帕劳提供援助，这是一种有效的多边援助方式。一方面，通过国际组织实施的援助可以使日本充分利用国际组织的专业知识和经验，并形成世界性舆论，提高其国际地位。另一方面，通过国际组织和日本的一些非政府组织提供援助，可以淡化日本"金钱外交"的色彩，易于为受援国民众所接受。只可惜，在太平洋岛国地区活动的各类国际组织比较少，其作用也比较有限。亚洲开发银行是日本可资借助的较少的国际组织中最重要的一个。亚洲开发银行对帕劳的援助始于 2003 年，主要包括向帕劳提供贷款、政府援助资金和技术援助资金。近年来，亚洲开发银行在帕劳开展的援助项目主要集中在供水、卫生和基础设施建设方面（参见表 5）。

---

① Takashi Mita, *Japan's Development Assistance in the Republic of Palau*: *Community Impacts and Effects*, Bell & Howell Information and Learning Company, 2001, p. 70.

② 日本外务省："Japan's ODA Data by Country – Palau," http：//www.mofa.go.jp/mofaj/gaiko/oda/files/0001412995.pdf。

③ Takashi Mita, *Japan's Development Assistance in the Republic of Palau*: *Community Impacts and Effects*, Bell & Howell Information and Learning Company, 2001, p. 70.

表5　2007～2015 年亚洲开发银行批准实施的援助帕劳项目

项目名称	项目类型及编号	实施状况	批准日期
北太平洋地区连续性投资项目	46382 - 001 贷款 3346 - 3347	实施中	2015.12.07
科罗尔 - 艾拉伊州卫生项目	42439 - 013 贷款 3060 - 3061	实施中	2013.11.19
水务部门改进项目	44031 - 013 贷款 2691 - 2692	完成	2010.11.09
执行中期预算框架项目	42436 - 012 技术援助 7421	完成	2009.12.08
卫生部门发展项目	42439 - 012 技术援助 7382	完成	2009.11.20
可持续健康融资机制开发项目	42020 - 012 技术援助 7079	完成	2008.05.14
巴伯尔图阿普岛供水项目技术准备	40122 - 012 技术援助 4977	完成	2007.10.05
经济发展和基础设施管理项目	40595 - 012 技术援助 4929	完成	2007.05.14

资料来源：亚洲开发银行："Projects in Palau," http：//www. adb. org/projects/palau。

目前，亚洲开发银行对帕劳的援助项目逐渐转向帮助帕劳政府部门提高效率，促进私营部门的发展等方面。帕劳的"国家商业计划"（COBP 2016 - 2018）与亚洲开发银行的"亚行 - 帕劳伙伴战略"（ADB - Palau Partnership Strategy）共同致力于帕劳经济社会的发展。亚洲开发银行在2016 年下半年实施了"北太平洋地区连续投资项目：采购计划"（North Pacific Regional Connectivity Investment Project：Procurement Plan），其中也包括为帕劳提供主要商品的采购计划和咨询服务。截至 2016 年 4 月，亚洲开发银行已经向帕劳提供了共计 7380 万美元的援助。[1] 2013 年是亚洲开发银行向帕劳提供援助资金较多的一年，共计向帕劳提供了 45 万美元的援助资金。[2] 多边援助在日本 ODA 中所占比重虽然较小，但效果比较好。

三　日本对帕劳 ODA 的效用评析

从 1981 年日本开始向帕劳提供 ODA 开始，日本就成为帕劳最重要

---

[1]　亚洲开发银行："ADB President Reiterates Commitment to Palau Development," https：//www. adb. org/news/adb - president - reiterates - commitment - palau - development。

[2]　日本外务省："Japan's ODA Data by Country - Palau," http：//www. mofa. go. jp/mofaj/gaiko/oda/files/000142995. pdf。

的援助国之一。一方面，在 30 多年的时间里，日本的援助为帕劳电力、道路、供水等基础设施建设和渔业的发展提供了大量的资金和技术支持，促进了帕劳经济和社会的发展。另一方面，日本的援助也促使帕劳"被动"地卷入了现代化和全球化的进程，改变了帕劳人的生产生活方式，一定程度上破坏了帕劳的传统经济，影响了帕劳传统习俗和社会生活的延续和发展。

（一）在促进帕劳渔业发展的同时，也造成了帕劳近海渔业资源的枯竭

日本对帕劳 ODA 的重点是渔业资源的开发，较早的资金援助集中在渔业合作社的建设、渔业机械化的改造和渔业市场改进等领域。这些资金援助项目的开展促进了帕劳渔业的发展和商业化进程。例如，20 世纪 90 年代中期日本 ODA 援助的帕劳佩里琉州和埃雷姆伦维州渔业合作社项目，就极大地改变了当地的渔业生产方式，促进了当地渔业的发展。

由于日本的资金援助，当地渔民开始普遍使用刺网、拖船等现代化的捕鱼方式进行捕捞作业。同时，日本援助的制冰机的使用，使帕劳渔民省去购买冰的时间，从而提高了捕鱼的效率，捕鱼量得到提高。如建立于 1994 年 9 月的佩里琉州渔业合作社，在使用先进的捕捞工具和捕捞方法后，当地渔民的捕捞量增加了约 50%。[1] 此外，日本对帕劳的渔业援助也给帕劳社区居民的生活带来了便利，渔业合作社制冰机的使用和新的电力设备的应用，大大方便了当地人的生活。同时，渔业合作社也为当地人提供了一些就业机会。

日本对帕劳渔业的援助，在促进帕劳渔业发展的同时，也给帕劳的渔业带来了不利的影响。到 20 世纪 90 年代末，帕劳渔业不仅出现了过度捕捞和产量过剩的问题，而且近海渔业资源也几近枯竭。例如，刺网和拖船等现代化捕捞设备的使用，虽然提高了帕劳的渔业捕捞量，但也加速了帕劳近海鱼类的减少及一些种类的灭绝，从而导致帕劳近海渔业资源开始枯竭，这也迫使帕劳重新考虑现代渔业商业化的发展与海洋的可持续发展等问题。1990 年，帕劳金枪鱼捕捞量最大的科罗尔州一年的金枪鱼捕捞量

---

① Takashi Mita, *Japan's Development Assistance in the Republic of Palau: Community Impacts and Effects*, Bell & Howell Information and Learning Company, 2001, p. 90.

达到 21.4 万磅，而到了 1998 年科罗尔州的金枪鱼捕捞量就减少到仅有
1.72 万磅。[①] 当然，这与当时金枪鱼出口减少也有关系，但帕劳渔业捕捞
量从 20 世纪 90 年代中期以后开始下滑则是不争的事实。1996 年，帕劳
金枪鱼产量仍维持在 63.8 万磅，但到了 1998 年就已经下降到 47.8 万
磅。[②] 据帕劳海洋资源部的统计数据，2007 年帕劳渔业总产量约为 68.5 万
磅，到 2011 年总产量下降到 38.7 万磅，其中金枪鱼的产量更是急剧下滑。
2007 年金枪鱼的产量约为 4.2 万磅，2011 年下降为 0.3 万磅（参见表 6）。

表 6　2007~2011 年帕劳渔业总产量及金枪鱼产量

单位：磅

年份	2007	2008	2009	2010	2011
总产量	685140	517580	470933	476395	387019
金枪鱼产量	41808	27359	38319	3497	3067

资料来源：帕劳财政部预算计划局："2013 Statistical Yearbook," http://palaugov. pw/
budgetandplanning, p. 80。

不过，日本 ODA 支持下的帕劳现代渔业仍然是帕劳主要的出口产业
之一，在帕劳经济增长中仍占据一定地位。帕劳优越的地理位置、丰富的
渔场以及与亚洲市场之间便利的运输条件等诸多有利条件，也可能促使帕
劳渔业有所发展。例如，2016 年第一季度，帕劳渔业收入相对于 2015 年
第一季度又有了较大幅度的增长（参见表 7）。

表 7　2013~2016 年第一季度渔业收入比较

单位：美元

2013 年第一季度	2014 年第一季度	2015 年第一季度	2016 年第一季度
13026	13008	8601	13014

资料来源：Office of Planning & Statistics, Bureau of Budget & Planning, Ministry of Finance, *QTR
Key Figures*, May 2013, 2014, 2015, 2016, http://palaugov. pw/executive – branch/ministries/
finance/budgetandplanning/quarterly – economic – indicators/。

---

① Takashi Mita, Japan's Development Assistance in the Republic of Palau: Community Impacts and
Effects, Bell & Howell Information and Learning Company, 2001, p. 136.
② Takashi Mita, Japan's Development Assistance in the Republic of Palau: Community Impacts and
Effects, Bell & Howell Information and Learning Company, 2001, p. 93.

（二） 推动了日本与帕劳双边关系的发展

日本对帕劳的 ODA 也极大地推动了两国关系的发展，帕劳成为日本在太平洋岛国地区的友好合作国家。自建交以来，帕劳与日本一直保持着良好的关系，两国政治领导人互访频繁。建交 20 多年来，共有 23 位日本国会议员、外交大臣访问帕劳。其间，包括历任帕劳总统在内的 20 位帕劳高层官员访问了日本，其中帕劳前总统中村邦夫（Kaniwo Nakamara）曾先后 15 次访问日本。[①] 2015 年 4 月，在第二次世界大战 70 周年之际，日本天皇夫妇访问了帕劳并向佩里琉岛南部的 "西太平洋战亡者之碑" 献花。

目前，日本不仅是帕劳最大的援助国，也是帕劳最主要的贸易伙伴之一。贝类、金枪鱼、干椰子肉是帕劳主要的出口产品，进口产品主要包括机械设备、金属材料和食品等。2013 年两国贸易额为 33 亿日元，其中帕劳向日本的出口额为 19 亿日元，进口额为 14 亿日元。[②] 此外，日本也是帕劳最主要的金枪鱼出口目的地，而大量日本渔船也获得了在帕劳海域捕捞的许可证。两国关系在地方和基层也在进一步发展，帕劳现与日本兵库县和三重县往来密切。帕劳还与日本岩手县高田市办有一个小学生交流项目。[③]

日本也是帕劳旅游业的重要客源国，对拉动帕劳经济增长起着重要作用。日本游客一度是帕劳的最大游客群体。2014 年以后，中国大陆游客成为帕劳第一大游客群体，日本游客成为帕劳第二大游客群体。2014 年，中国大陆入境帕劳的旅游人数是 39936 人，而同期日本入境帕劳的旅游人数为 38610 人。2015 年到帕劳旅游的日本游客略有下降，约为 30635 人，远低于中国大陆的入境帕劳人数（86850 人），但日本游客仍然是帕劳的第二大游客群体。2016 年日本仍然是帕劳的第二大客源国，全年共有 28959 名日本人赴帕劳旅游。[④]

---

① 日本外务省网站，http：//www. mofa. go. jp/region/asia - paci/palau/data. html。

② 日本外务省网站，http：//www. mofa. go. jp/region/asia - paci/palau/data. html。

③ 日本外务省网站，http：//www. mofa. go. jp/region/asia - paci/palau/data. html。

④ 帕劳政府网站，http：//palaugov. pw/executive - branch/ministries/finance/budgetandplanning/immigration - tourism - statistics/#Monthly。

（三）　改变了帕劳传统的经济运行模式和社会生活方式

日本的 ODA 在促进帕劳经济社会发展方面发挥了巨大的作用，促使帕劳走上了现代化道路。但是，这一现代化和商业化进程也在一定程度上破坏了帕劳传统的经济生产模式，改变了帕劳原有的社会生活方式。日本的 ODA 给帕劳带来的现代化和发展理念以及市场化和商品化进程，使得帕劳从一个传统的自给自足的岛国社会转变为消费至上的西化社会。从西方国家获得产品的物质化生活已经成为帕劳人的主导生活方式。例如，越来越多的帕劳人不再愿意花费时间烹饪新鲜的鱼类，而更愿意从超市购买价格更低廉、更容易烹饪的进口鸡肉、罐头食品、牛肉和沙丁鱼等。而在帕劳传统的社会生活方式中，新鲜的鱼类是人们最重要的蛋白质来源，而现在大量消费鲜鱼的场面只有在帕劳重要的传统节日才能见到。饮食结构的变化直接改变了帕劳传统的自给自足的经济生产模式。过去帕劳的成年男性都是渔民，捕捞的鱼除了供自己家庭消费外，还会送给亲戚和邻居（现在这种现象几乎不存在了）。而现在帕劳渔民已经职业化了，渔民捕捞的鱼已经变成了他们获取经济收入的商品。另外，随着商业化都市的建设，越来越多的帕劳人更愿意成为政府或企业的雇员，而很少有人愿意从事传统的耕作和捕鱼。

事实上，帕劳现代商业化发展遇到的问题，是一些根植于现代化和发展进程的问题。自从帕劳被卷入殖民进程以来，尤其是在后殖民进程中，通过接受美国和日本等西方大国的经济援助，帕劳被纳入现代化和全球化的进程中。这种现代化和全球化进程给帕劳脆弱的经济带来了严重的影响，致使帕劳经济对西方经济产生了严重的依赖。事实上，这种经济上的脆弱性和依赖性已经影响到帕劳的经济、社会安全。目前，帕劳最大的经济支柱是旅游业及与之相关的宾馆、饭店等服务业。一方面，帕劳的旅游业严重依赖国外市场，一旦游客来源国经济出现下滑，帕劳入境游客的数量就会受到影响，帕劳的收入也会受到影响。1997 年亚洲金融危机和 2003 年的"非典"就曾使帕劳旅游业遭受重创。另一方面，帕劳国土面积狭小，旅游市场的接待能力有限。而且这有限的接待力中，绝大多数的宾馆、饭店都是由外国人经营的，尤其以日本人和中国台湾人居多。同时帕劳还需要慎重考量旅游市场的开发和环境保护之间的关系这一关乎帕劳生存的问题。事实上，为了保护帕劳生态资源免遭毁灭性的开发，帕劳政府已经开始限制每年的入境旅游人数，这必然会影响到帕劳旅游收入的增加。

此外，日本提供的援助也存在不合理利用和缺乏监管的问题。日本对帕劳的援助缺乏有效的规划，有些援助项目在资金和设备的使用上没有做出详细的规定；有些援助项目即便有相关规定，也没有得到很好的实施，如有些援助的设备根本没有得到启用，甚至被挪作他用。因此，援助的有效性大打折扣。

结　语

总之，日本对帕劳的 ODA 极大地促进了帕劳经济社会的现代化进程，改变了帕劳传统的生产生活方式，也基本实现了日本援助帕劳的目标——帕劳成为日本在太平洋地区重要的友好国家，也是日本金枪鱼捕捞的重要远洋渔场和渔产品进口来源地。尽管日本的 ODA 在实施过程中也出现了一些问题，给帕劳社会带来了一些负面的影响，但毋庸置疑的是，日本通过向帕劳等太平洋岛国提供大量的 ODA，在太平洋地区塑造了"合作"国家的国际形象并赢得了"可依赖"大国的国际声望。自 1991 年以来，日本一直是世界上最大的 ODA 国家之一，对外援助已经成为日本在 21 世纪培育和塑造软实力的重要手段。而对于帕劳来说，从日本、美国等前"宗主国"那里获得更多的发展资金，依然是其最主要的现代化发展动力来源。但是，在现代化进程中帕劳应该重视保留和发展其传统的经济生产方式，即使仅仅从未来国家粮食的供应安全着想也应该发展自己的经济产业。

日本对帕劳的援助可以为我国今后援助外交的开展提供一定的借鉴。第一，中国的援助应该为受援国民众提供更多的技术援助，减少直接的物资援助，即应该更加注重"授人以渔"，而不是"授人以鱼"；因为"所授之鱼"很快就会被消费掉甚至浪费掉，而"所授之渔"却可以保证受援国获取更多的"鱼"。第二，在进行技术合作和派出志愿者时，应考虑受援国的需要，比如，像帕劳这样的海洋岛国需要鱼产品加工技术的培训人员、船上的机械工程师之类的技术人员以及大量的教师。第三，应特别加强对基础设施等与帕劳民众生活息息相关的领域的援助，这些是受援国民众乐于接受的。例如，由日本 ODA 提供资金、日本鹿岛建筑公司承建的新科罗尔 - 巴伯尔图阿普大桥，就被称为"日本 - 帕劳友谊大桥"。第四，在援助项目的实施过程中一定要加强有效的监管，以确保援助项目预期目标的实现。第五，援助外交要与公共外交、文化外交等外交方式相互配合，因为唯有"心相通"才能实现"民相亲"，而唯有"民相亲"方能实现"国相交"。

Analysis on Japan's Official Development Assistance to Palau and its Motivations

LI Defang

Abstract：Economic aid is an important means for Japan to protect national interests, obtain international reputation and enhance its soft power. As a Japanese ex-colony, Palau occupies an important strategic position and owns rich marine resources, so Palau has become Japan's important aid-receiving country. Accessing to economic interests of marine resources, international political interests and security interests are the core aims of Japan's assistance to Palau. Since the 1980s, Japan has provided ODA to Palau. Japan's ODA to Palau consists mainly of grant aid and technical cooperation. Aid programs focus on infrastructure construction and fishery industry. On the one hand, Japan's ODA has promoted the modernization of Palau and the development of Japan-Palau bilateral relations. On the other hand, Japan's ODA has changed the traditional economic model of Palau and the lifestyle of its people, aggravated Palau's economic vulnerability and dependency.

Keywords：Official Development Assistance；Aid Diplomacy；Japan；Palau

过程建构主义视域下
南太平洋地区的合作[*]

过程建构主义视域下
南太平洋地区的合作[*]

梁甲瑞[**]

摘要： 西方国际关系理论的发展主要集中在体系层次，并且在相互对话和辩论中逐步形成了国际关系研究的主要脉络和分析框架。但是西方国际关系理论忽略了社会互动过程与社会关系，所呈现的是静态的形式，而过程建构主义则呈现动态的形式。太平洋岛国的多样性、差异性以及地区合作的动态性决定了不能用静态的理论来解释和指导该地区的合作。本文以过程建构主义为指导，认为南太平洋地区的合作符合过程驱动模式，并且在过程建构主义视域下，过程和关系是南太平洋地区未来深入合作的驱动力。本文还通过南太平洋地区的合作框架、印度参与该地区的合作以及斐济的社会化进程这三个案例，来检验过程驱动模式。

关键词： 过程建构主义　过程驱动模式　南太平洋地区　印度　斐济

在当今区域一体化不断深入的情况下，南太平洋地区由于历史和现实的原因，区域合作的过程充满了动态性，再加上中国、日本、印度、美国等域外大国参与该地区事务，使得该地区合作变得更加复杂。本文从过程建构主

---

* 本文为国家社科基金重点课题"太平洋岛国研究"（15AZD043）阶段性成果。
** 梁甲瑞，聊城大学太平洋岛国研究中心研究人员，天津师范大学在读博士。

义的视角探究南太平洋地区的合作，采用案例研究的方法来验证过程驱动模型是否适用于南太平洋地区的合作。

一　问题提出

当今国际政治发展的一大趋势就是区域一体化，世界各地区都建立了各自的区域组织以应对全球化的挑战和推进区域内国家的合作。作为当今区域一体化的典范，欧盟一体化历经了半个多世纪，在不同的发展阶段采用了不同的形式，先后提出了建设煤钢联营、关税同盟、共同市场、货币同盟等不同阶段的需求。随着欧洲一体化的成功，世界其他地区开始效仿欧洲，推行区域一体化。东盟十国经过几十年的努力，也走到了一起，创建了"东盟方式"。"东盟方式"具有典型的地域特色，与"欧盟方式"有很大的不同。东盟的区域认同感虽然不强烈，但是基于共同的安全需求，东盟一体化不断地推进，这使东南亚地区实现了和平与发展，在国际和地区层面上都发挥着重要的作用。

相对于欧洲和东南亚的区域一体化，南太平洋地区的区域合作观念一直很脆弱，这主要与这一地区的大多数国家所具有的殖民主义色彩、国内种族矛盾突出以及国家认同感不强烈所导致的国家政治不稳定和经济发展低迷有关。此外，从国土面积上看，除了澳大利亚、新西兰以及巴布亚新几内亚之外，其他国家都比较小，这严重限制了国家的经济发展。[①] 实际上，南太平洋地区的区域合作早在 20 世纪 40 年代就已经开始了，这从时间上早于欧洲国家；但早期的合作是区域国家所主导的，是一种外源型的驱动，真正的一体化是在随后几十年才开始的。

不可否认的是，南太平洋地区的同质性程度比较低，缺乏清晰的权力结构和观念结构，而且没有高度制度化的安排。现在这一地区大部分国家社会处在转型之中并面临着外部大国介入的压力，在变动的国际和地区政治格局下，应该用动态的而不是静态的理论去推进区域合作。然而对于南太平洋地区区域合作的研究相对较少，对于如何建构稳定的地区合作机制并没有明确的答案。如何从过程的视角去建构一种高度制度化的合作安排是现在南太平洋地区面临的重要任务。

---

① T. Fairbairn, Charles E. Morrison, Richard W. Baker and Sheree A. Groves, *Pacific Islands: Politics, Economics and International Relations*, Hawaii: University of Hawaii, 1991, p. 29.

二　文献和研究回顾

当前关于南太平洋地区的研究主要集中在气候、经济发展、文化、民族和国家建构等领域，关于地区合作的研究大部分是从地区主义的角度切入的。国外对这一地区的研究比较多，美国学者埃里克·涉谷（Eric Shibuya）在《太平洋岛国论坛的问题和潜力》中介绍了太平洋岛国论坛的作用以及在推进一体化方面存在的阻力，并指出建构"太平洋方式"必须要重视有效的地区合作。[①] 澳大利亚学者格里格·弗莱（Greg Fry）在《南太平洋地区的国际合作：从地区整合到集体外交》中指出，南太平洋地区合作的历史与东南亚国家在东盟框架内合作的历史是截然不同的。[②] 麦克尔·哈斯（Michael Haas）在《太平洋方式：南太平洋地区的合作》中把太平洋岛国论坛的成功主要归结于"太平洋方式"的哲学，他把太平洋方式称为一种"一致的妥协"的体系，在这个体系中每个成员都能为了整体的利益而自我付出，并通过协商一致来达成共识。[③] 格里格·弗莱在他的另一篇文章中将"汇聚区域管理"这个概念作为中心，把20世纪六七十年代以来南太平洋地区区域主义的发展分为五个阶段，而且讨论了每个阶段区域主义发展的重点以及所存在的问题，指出当前南太平洋地区主义的发展要以历史为鉴，从历史中汲取教训并获得启示。[④] 法尔拜、莫里森、贝克和格鲁夫（T. Fairbairn, Charles E. Morrison, Richard W. Baker and Sheree A. Groves）在《太平洋群岛：政治、经济和国际关系》一书中指出：地区主义被视为太平洋群岛发展的主要动力；近年来，区域和次区域组织以及制度的推广实际上已经触及该地区发展的每一个领域，太平洋群岛的地区主义源于不同的环境和一系列的动机；太平洋群岛的主要安全问题是经济能力不足，主要的威胁

① Eric Shibuya, "The Problems and Potential of the South Pacific Island Forum," *Asia-Pacific Centre for Security Studies*, 2004, p. 102.

② Greg Fry, "International Cooperation in the South Pacific: From Regional Integration to Collective Diplomacy," in W. Andrew Axline, ed., *The Political Economy of Regional Cooperation*, London: Pinter, 1994, p. 137.

③ Michael Haas, *The Pacific Way: Regional Cooperation in the South Pacific*, New York: Praeger, 1989, p. 82.

④ Greg Fry, "'Pooled Regional Governance' in the Island Pacific? Lessons from History," *Pacific Economic Bulletin*, Vol. 20, No. 3, 2005, pp. 89 – 104.

不是边界或区域纠纷，而是相互的孤立以及缺少资源。①

　　另外麦克尔·霍华德（Michael C. Howard）在《太平洋地区的种族与国家建构》一文中，认为南太平洋地区的国家具有两个共同点：一是它们都是殖民主义规则建构的结果；二是它们都深嵌于资本主义政治和经济集团。他主要强调了在民族国家创建和维持的背景下种族的定位问题，并将对该地区的种族分析分为四个阶段：前殖民主义阶段、殖民主义阶段、向政治独立过渡阶段和独立阶段。② 杰夫·利恩和芭芭拉·迪格斯特罗姆（Geoff W. G. Leane and Barbara von Tigerstrom）在《南太平洋地区的国际法问题》一文中，指出南太平洋地区是一个特殊的地区，远离国际社会的关注。他们介绍了该地区所面临的国际法问题和挑战，并指出这些问题和挑战的多样性。③

　　国内学者对南太平洋地区的研究不是很多，就地区合作与发展而言，徐秀军在《地区主义与南太平洋地区秩序的构建》中从地区主义及区域秩序这一视角来诠释该地区合作的发展。在谈到南太平洋地区主义时，他认为区域内现今的一体化进程是通过不同功能的区域组织相互合作而发展起来的。④ 台湾学者何登煌在《太平洋岛国风情与风云》中从微观个体的角度，以静能的方式一方面就南太平洋 16 个独立国家及 6 个属地的风土人情、社会政经与人文环境进行简单的介绍，另一方面也对 9 个重要的区域性国际组织在南太平洋地区所扮演的角色及其影响进行分析，最后从宏观的角度，以动能的方式就包括美国、澳大利亚、日本、法国和中国等在内的世界主要大

---

①　T. Fairbairn, Charles E. Morrison, Richard W. Baker and Sheree A. Groves, *Pacific Islands: Politics, Economics and International Relations*, Hawaii: University of Hawaii, 1991, p. 35.

②　Michael C. Howard, *Ethnicity and Nation-building in the Pacific*, New York: The United Nations University, 1989, p. 75. 更多关于南太平洋地区民族与国家建构的研究参见 Gillion, K. L., *The Fiji Indians: Challenge to European Dominance 1920 - 1946*, Caberra: Australian National University Press, 1977; Dornoy, M., *Politics in Caledonia*, Sydney: Sydney University Press, 1984; Hilliard, D., *God's Gentlemen: A History of the Melanesia Mission 1849 - 1942*, St. Lucia: University of Queensland Press, 1978; Denoon, D., & R. Laley, eds., *Oral Tradition in Melanesia*, Port Moresby: University of Papua New Guinea and Institute of PNG Studies, 1981; Middleton, H., *But Now We Want the Land Back: A History of the Australian Aboriginal People*, Sydney: New Age, 1977.

③　Geoff W. G. Leane and Barbara von Tigerstrom, eds., *International Law Issues in the South Pacific*, Burlington: Ashgate Publishing Company, 1969, pp. 1 - 275.

④　徐秀军：《地区主义与南太平洋地区秩序的建构》，华中师范大学博士学位论文，2009。

国在该地区的各项政治、经济活动及实力消长加以分析。① 林廷辉在《太平洋区域整合现状与挑战——从太平洋岛国推动"太平洋计划"角度观之》一文中，以"太平洋计划"为主要分析对象，探讨了该计划实施的现状、问题及前景，认为南太平洋地区在区域一体化的道路上所面临的形势相当严峻。②

三　提出假设

从上述文献回顾可以看到，国内外学者从不同角度对南太平洋地区的合作、区域发展、种族与国家建构等方面进行了研究，其中对区域合作的研究大部分是从地区主义和历史的角度切入的，并没有探究合作背后的动因以及未来的趋势。

到目前为止，西方主流的国际关系理论主要是体系理论，这些主流理论控制了国际关系研究的主导范式。这些理论之所以被称为国际关系学的"范式"，是因为它们实现了在国际体系层次的高度抽象，对各自关注的体系层次进行了深入的分析和研究，在一定程度上解释了国际关系领域的某些现象。西方国际关系三大理论范式都忽略了重要的社会性因素：社会互动过程和与之相关的社会性关系。过程包含关系，关系建构过程，过程的核心是运动中的关系，关系的运动形成了过程。③ 过程建构主义是一种动态的理论，从根本上说它研究的是过程本身，是过程中的变化及变化中的关系。过程是流动的，所以研究过程的理论应该是动态的。西方国际关系理论基于理性主义，关系是通过行为体的互动而产生的，正如温特（Alexander Wendt）所说的，国家之间的互动可以产生霍布斯文化、洛克文化和康德文化。④ 但是在过程建构主义那里，关系是先验给定的，是一种天下观的体系。过程建构主义的重心在过程，过程的核心是关系。过程的意义不仅在于它可以导向结果，而且更重要的是它可以通过关系的流动产生权力，孕育规范和构建行为体身

①　何登煌：《太平洋岛国风情与风云》，台湾商务印书馆，2013。
②　林廷辉：《太平洋区域整合现状与挑战——从太平洋岛国推动"太平洋计划"角度观之》，《国际关系学报》（台湾）2009 年第 27 期。
③　秦亚青：《关系与过程：中国国际关系理论的文化建构》，上海人民出版社，2012。
④　〔美〕亚历山大·温特：《国际政治的社会理论》，秦亚青译，北京大学出版社，2005。

份。因此过程在加强情感性关系方面具有重要的作用和不可替代的意义。①

　　由于历史原因，该地区的国家都具有殖民色彩，这种殖民历史记忆让这些国家错过了世界的政治现代化进程，所以从比较政治学角度看，这些国家都是后发国家，后发国家在追求现代化的过程中面临着很多的问题，比如组织结构松散、权利观念淡薄等，这些后发国家也因此在区域合作中不可避免地面临着不断变动的过程。此外，南太平洋地区很多国家有种族分裂的问题，国内政治不稳定，民族国家观念淡薄，在某种程度上种族认同高于国家认同，这也恰恰说明了民族同质性不高。但是在全球化不断推进的背景下，大部分国家在不同的领域和层次上，参与的积极性不断提高，各个国家之间以及区域内国家与区域外国家之间的互动不断增强，从而在一定程度上催生了集体认同，塑造了体系内行为体新合作模式的产生。

　　西方体系理论的静态性质和南太平洋地区合作的动态性质是矛盾的，所以该地区的合作驱动不能基于西方的体系理论。本文提出的假设是南太平洋地区的合作是过程驱动的，以过程和关系为主的地区多边主义通过扩展规范和加强情感联系，维持地区稳定，促进经济合作（详见图1）。这个模型主体是关系本位和过程本位，过程和关系是一脉相承的，过程是流动的关系，关系在过程中得到强化，然后在过程的驱动下规范得到扩展，情感得到加强，各行为体对于地区合作的认同进一步强化，进而有利于地区稳定，而稳定的地区政治有利于各行为体之间的经济合作。这一系列的变化一直处于动态之中，不同于理性主义先验设定的逻辑假设。

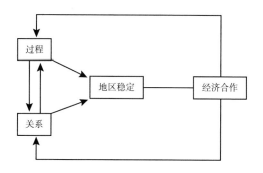

图1　过程驱动模型

<hr />

　　①　秦亚青：《关系与过程：中国国际关系理论的文化建构》，上海人民出版社，2012。

四　案例验证

本文主要通过三个案例来检验这个模型。第一个是南太平洋地区的合作框架，目的是通过对这一框架的讨论，发现南太平洋地区合作的特征，验证多元驱动的地区合作会自然产生多元的过程特征。第二个是印度参与南太平洋地区合作的进程，检验过程建构行为体的身份和意义。第三个是地区大国斐济在南太平洋地区合作过程中的社会化过程，检验区域内国家在接受和传播合作过程中所产生的规范的程度。

（一）地区合作框架与南太平洋地区合作

目前地区合作框架比较完整的是欧盟与东盟。东盟成立之初只是一个保卫自己安全利益及与西方保持战略关系的联盟，但经过几十年的发展，东盟已经成为东南亚地区以经济合作为基础的政治、经济、安全一体化的合作组织，并建立起了多样的合作机制。东盟已经形成了首脑会议、外长会议、其他部长级会议等机制，还设立了秘书处、专门委员会以及半官方的机构。这已经成为东盟区域合作的制度保证。虽然东盟的区域认同感并不是很强烈，但是这并不妨碍东盟区域一体化的推进。欧盟是当今世界上一体化程度最高的区域政治、经济集团组织，是区域一体化成功的典型。在纵向上，欧盟的区域合作组织体系形成了超国家、国家、跨境区域、地方等多个层次。在横向上，欧盟的区域组织很多，在整个区域合作政策的制定、执行和反馈过程中扮演着重要的角色。这一套完整的区域合作框架形成了一个稳固的制度基础。

相较于欧盟的多层次合作体系和东盟的多元合作体系，南太平洋地区的合作体系一直处于一种动态的过程中，其间，地区主义一直是该地区合作的主要动力。1947 年，六个有着地区利益的宗主国英国、美国、法国、荷兰、澳大利亚和新西兰建立了南太平洋委员会，虽然该地区岛国的积极性并不高，但这开启了南太平洋地区政府间合作的进程。[①] 在 20 世纪 60 年代和 70 年代，地区合作取得了很大的进展，这一方面加快了非殖民化的进程，另一方面在太平洋岛国领导人之间催生了一种区域认同和集体利益感。主要的表

---

① 荷兰在 1962 年退出了南太平洋委员会，停止管理荷属新几内亚。

现是 1971 年南太平洋论坛①的建立、1973 年南太平洋经济合作局（现在称
"南太平洋论坛秘书处"）的建立，以及在高等教育、渔业、贸易和环境领
域的专业性组织的建立。在 20 世纪 80 年代早期，同样有意义的是通过一系
列的措施对南太平洋论坛进行了调整，这使得该论坛由一个殖民性的实体转
变成了一个由岛国自己控制的区域组织。

　　近年来区域合作已经触及每一个领域。一些政府间的组织，比如太平洋
岛国论坛、太平洋共同体在该地区的经济和社会合作中扮演了重要的角色。
独立部门之间的合作有 200 多个制度安排，这不仅涉及社会经济领域，而且
还涉及宗教和文化领域。这些组织之间相互联系，但在功能、目标和制度安
排上各不相同。

1. 南太平洋地区岛国合作环境

　　南太平洋的地区主义被南太平洋委员会前秘书长称为"多样性的一
致"。除了多样性，在共同的传统、利益和殖民历史记忆的基础上，该地区
也存在着某种程度上的一致性。除了巴布亚新几内亚之外，所有的岛国都很
小，地理位置偏僻，资源匮乏。

　　另外一种一致性就是麦克尔·哈斯所说的"太平洋方式"。"太平洋方式"
是由斐济前总统卡米塞塞·马拉（Ratu Sir Kamisese Mara）首次提出的，并逐
渐被接受。太平洋岛国需要在地区关心的问题上用一个声音说话，而且该地
区的国家有很多的相同点，这些催生了一些新形式的地区合作。② 本质上
"太平洋方式"是一种通过非对抗的讨论达成共识的方式，这种方式建立在双
方相互理解和相互尊重的基础上。在建立"太平洋方式"的过程中，形成了
某些制度性的规范，不同于欧盟和东盟，这种规范的制度性并不是很强。而
过程也塑造了各行为体的关系，培育了各方的情感认同。这种过程和关系属
性不同于西方的理性主义，这是一种在过程中建构关系、塑造情感的方式。

　　地区的多样性必须用过程的视角去看待。然而，这种多样性也是南太平
洋地区合作所面临的主要困难。这个地区范围广阔，国家的政治体制差异比
较大，未来所面临的问题也不尽相同，这些多样性构成了地区合作中的阻
碍。脆弱的经济也减弱了合作的积极性，这使得很多国家不得不依靠对外援

---

① 　2000 年 10 月"南太平洋论坛"更名为"太平洋岛国论坛"。

② 　Michael Haas, *The Pacific Way：Regional Cooperation in the South Pacific*，New York：Praeger，
　　1989，p. 62.

助、海外移民汇款等来支撑经济的发展，这些限制了地区合作过程。

2. 南太平洋地区的合作特点

在全球化的背景下，南太平洋地区的合作不断变动，因为岛国的关系在这一变动过程中得到了不断的强化，所以区域合作趋势进一步明显。现在南太平洋地区的合作主要有以下几个特点。

第一，合作的过程性。南太平洋地区的合作主要是通过太平洋岛国论坛来推动的。作为地区合作的主导力量，太平洋岛国论坛自成立以来，就一直致力于区域自由贸易区的建设。早在论坛建立之初就设立了贸易局以协调区域内各国的活动。随后该论坛建立了南太平洋经济合作局以主导区域内各国的经济事务。各成员国在1981年签订了《南太平洋地区贸易和经济合作协定》（South Pacific Regional Trade and Economic Cooperation Agreement），该协定具有非互惠贸易的性质，主要是两个主要的成员国澳大利亚和新西兰在商品免税问题上，给予其他国家很大的优惠。这个协定不仅促进了岛国经济的发展，而且加强了成员国之间的联系。2002年，论坛成员国签订了《太平洋紧密经济关系协定》（Pacific Agreement on Closer Economic Relations），这个协定将之前的经济合作扩大到投资、服务、人员交流等领域，进一步深化了区域内成员国之间的关系。2009年，论坛通过了《太平洋领导人呼吁就气候变化采取行动》以及《关于加强太平洋地区发展协调的凯恩斯契约》等文件，集中讨论了气候变化以及金融危机对岛国的影响。2010年，太平洋岛国论坛讨论了气候变化、发展援助协调、联合国千年发展目标、贸易、能源、地区组织改革等问题，并就斐济局势交换了意见，发表了加快实现千年发展目标的《维拉港宣言》。2012年，论坛发表了《太平洋岛国领导人关于性别平等的宣言》，这标志着太平洋岛国论坛不仅关注地区稳定和经济合作，同时也关注地区的人文情况，是论坛的一大进步。

另外，国际贸易问题也已经成为论坛所关注的重点，为此论坛采取了很多措施，主要有鼓励成员国加入WTO，支持成员国在WTO多边贸易谈判的框架内，特别是通过在日内瓦的太平洋岛国论坛永久代表办公室，维护自己的利益，这个办公室是在欧盟的支持下建立的。

虽然摩尔（Moore）认为岛国的边界和地区争端不是主要的威胁，[①] 但

---

① M. K. Moore, *A Pacific Parliament：A Pacific Idea —An Economic and Political Community for the South Pacific*, Suva：The University of South Pacific, 1982, p. 24.

这仍不容忽视，因为没有安全保障，很难有一个良好的经济发展环境。该地区岛国一致认为经济可持续发展的基础是安全与稳定的环境。太平洋岛国论坛治理与安全计划支持成员国通过合作实现地区安全，这主要有两方面的考虑。一方面，尽管南太平洋地区远离世界政治经济热点地区，但是由于这些国家的政治治理和经济发展能力普遍较弱，它们凭借自身能力很难有效维护国内安全和海洋权益，面临着严峻的安全隐患。另一方面，当今世界非传统安全威胁正日益成为国际政治的焦点，南太平洋地区已经成为跨国犯罪和恐怖主义的温床，这单靠一个国家很难解决。为此，太平洋岛国论坛签订了一系列的安全合作宣言，目的是让成员国的资源得到整合，以此促进地区的和平与稳定，更好地保证经济合作。[①] 地区安全的合作使得南太平洋地区的过程性得到更好的体现。正是过程的流动性使得成员国的关系进一步密切。这一地区没有欧盟良好的经济基础和强烈的区域认同感，也缺乏东盟强烈的安全驱动和中日韩等国家的强力参与，南太平洋地区只能在不断变动的过程中建构集体认同的关系。

第二，过程驱动的合作模式意味着南太平洋地区的合作具有高度的开放性和多元性。太平洋岛国现处在与区域外大国建构关系的过程中。像其他大部分地区一样，南太平洋地区正在从后殖民主义、后冷战时期向一个充满不确定性的时期过渡。在适应全球化的过程中，该地区的岛国面临着很多的困难。作为功能性的主权国家，岛国需要适应全球体系以抵抗外部的压力。[②]在建构地区合作规范和秩序的过程中，南太平洋地区与地区外的国家和组织的合作体现了明显的开放性和多元性。

3. 南太平洋地区与东盟的关系

东盟与太平洋岛国有着广泛的合作关系，是太平洋岛国论坛最密切的合作者。1967 年 8 月，印度尼西亚、泰国、新加坡、菲律宾四国外长和马来西亚副总理在曼谷举行会议，发表了《曼谷宣言》，正式宣告了东南亚国家联盟的成立。作为近邻，东盟与太平洋岛国在诸如渔业和深海资源控制以及环境保护等方面有着共同的利益。近年来，东盟国家在太平洋的利益日益增多，因此，两个区域组织都十分渴望合作以及确认存在共同利益的领域，这

---

① 太平洋论坛秘书处：《政治治理与安全》，http://forumsec.org/pages.cfm/political - governance-security/。

② Geoff W. G. Leane and Barbara von Tigerstrom, eds., *International Law Issues in the South Pacific*, Burlington: Ashgate Publishing Company, 1969, p. 5.

些为进一步的互动与合作打下了良好的基础。①

　　除了区域组织之间的联系之外，还有双边联系，且这些联系一直处在动态的过程中。一些东盟成员国与巴布亚新几内亚和斐济建立了外交关系，双方之间的互动密切。以巴布亚新几内亚为例，加强与东盟国家的关系是其对外工作的重点之一。巴布亚新几内亚外长一直以观察员身份出席东盟外长会议。1994 年，巴布亚新几内亚成为东盟地区论坛成员。马来西亚是巴布亚新几内亚的重要投资国。印度尼西亚、新加坡、菲律宾也有许多私营企业在巴布亚新几内亚投资。2007 年 12 月，巴布亚新几内亚总理索马雷出席了在印度尼西亚巴厘岛举行的气候变化大会，在会议期间会见了印度尼西亚总统苏西洛和新加坡总理李显龙。2009 年 4 月，巴布亚新几内亚总理索马雷访问了菲律宾。

4. 南太平洋地区与区域外国家的合作

　　南太平洋地区与区域外国家保持着紧密的合作关系，这种合作关系在双方互动的过程中被不断地强化。美国、中国、日本等国家出于不同的战略考虑，加大了同这一地区的合作力度。由于日本也是岛国，它与太平洋岛国在地理方面具有共同的特性，因此下面以日本为例来说明南太平洋地区同区域外国家的合作。

　　日本是一个岛国，对海洋资源有着很高的依赖性。谋求海洋大国地位、扩大海权一直是日本近代以来的战略追求目标。日本与南太平洋地区的接触有很长的历史，在大部分太平洋岛屿上都能发现日本航海家曾经留下的足迹。早在 19 世纪的时候，日本就把太平洋岛国作为自己殖民扩张的潜在地点。考虑到南太平洋地区丰富的渔业、林业和矿产资源，同时为了争取太平洋岛国的"联合国投票资源"和牵制中国海洋战略的扩张，日本一直很重视同这一地区的合作。长久以来，日本是南太平洋地区主要的远海捕鱼国、主要援助国和贸易伙伴。② 日本与南太平洋地区合作的方式之一是建立与太平洋岛国论坛的关系，从 1989 年开始日本就与太平洋岛国论坛举行副部长级的对话。1997 年，日本外相高村正彦（Masahiko Koumura）参加了在库克群岛举行的对话。从 1997 年开始，日本提议并推动召开的"日本和太平洋

---

① T. Fairbarn, Charles E. Morrison, Richard W. Baker and Sheree A. Groves, *Pacific Islands*: *Politics*, *Economics and International Relations*, Hawaii: University of Hawaii, 1991, p. 105.

② Sandra Tarte, "Diplomatic Strategies: The Pacific Islands and Japan," *Pacific Economy*, Vol. 2, No. 269, 1997, p. 2.

岛国首脑峰会"（PALM）每三年举行一次，这加强了日本与岛国的关系。每年日本外务省都会邀请太平洋岛国论坛主席对日访问，其他各个层次上的来往也在不断地推进。[①]

（二）印度参与南太平洋地区合作：在过程中建构身份和意义

对南太平洋地区来说，过去几十年的地区合作在过程模式的驱动下，取得了很大的进步。印度作为南太平洋地区之外的一个国家，它的身份在同这一地区的合作过程中被重新建构，由一个敌对性角色转化为合作者的角色，同时印度的参与也没有改变南太平洋地区合作的过程驱动模式，过程中所产生的规则和规范被各个国家所遵守。在印度参与南太平洋地区合作之后，印度也自觉遵守过程中的规则和规范。在加入地区合作之前，印度的敌对角色主要是由 1998 年印度的核试验以及在南太平洋地区的核试验造成的，这种敌对角色在合作过程中发生了变化，塑造了印度新的身份。同时对于南太平洋地区来说，这种过程驱动型的合作模式可以使原有的关系发生变化。

1. 印度和南太平洋地区合作的背景

印度政府从 1998 年 5 月 11 日开始，在 48 小时内连续进行了 5 次核试验，而且进行了一次短程导弹试验，这遭到国际社会的强烈谴责。美国和日本表示对印度进行经济制裁，澳大利亚和新西兰都召回了驻新德里的大使以表示抗议，俄罗斯表示要慎重向印度提供武器。此外，奥地利、加拿大、马来西亚、韩国、泰国和印度尼西亚对印度进行核试验表示关切与不安。法国敦促印度全面禁止核试验。印度的核试验在全球范围内引起了连锁反应，尤其是在澳大利亚、新西兰和太平洋岛国，一直以来，这些国家抱怨大国的核试验，并致力于推动全球裁军。[②]

太平洋岛国之所以反对核试验，是因为这一地区是大国核试验的受害者。二战后，南太平洋地区是核试验的主要场所。放射性的核污染至今仍然存在。美国 1946 年在马绍尔群岛开始了核试验，这一直持续到 1962 年。英国从 1952 年到 1957 年在澳大利亚进行核试验，1957 年和 1958 年分别在莫尔登岛和圣诞岛进行了核试验。法国在 20 世纪 50 年代早期决定发展核武

---

① 日本外务省：《日本和太平洋岛国论坛关系》，http：//www.mofa.go.jp/region/asia-paci/spf/。

② Pankaj Jha, "India and South Pacific—Multilateral Engagement, Bilateral Ties and Diasporic Connections," Papers presented at the Track II India-NZ Dialogue, Wellington, New Zealand, 2010, p. 1.

器，并在法属撒哈拉进行了第一次核试验，1963 年阿尔及利亚独立后，法国将核试验转向了法属波利尼西亚的穆鲁路环礁（Muruloa Atoll），在这里进行了一系列的核试验。太平洋岛国论坛一直采取各种措施反对核试验，同时南太平洋地区也强烈反对任何国家向南太平洋倾倒有辐射性的废弃物。① 大国在这一地区的核试验导致了 1985 年《南太平洋无核区条约》（South Pacific Nuclear Free Zone Treaty）的签订，该条约从 1986 年开始生效。这个条约表明了太平洋岛国宣布放弃核武器，保证不在这一地区进行核试验或安置核武器，同时获得核大国不对这一地区使用核武器的保证。对于印度 1998 年的核试验，作为核试验受害者的太平洋岛国提出抗议与谴责，而且把印度建构成一个敌对者的身份。在温特的建构主义看来，敌对者身份就是一种霍布斯文化。霍布斯文化的性质是冲突性的，但是如果在过程建构主义的视域下，冲突性并不是被先验给定的，在过程中关系可以发生变化，从而塑造新的身份。所以在新的全球和地区环境下，印度参与南太平洋地区的合作催生新的身份和意义。

现在全球重心已经转向了印度洋－太平洋地区，受美国"亚太再平衡"战略和中国日益崛起的影响，印度已经扩大了在南太平洋的参与，把这一地区当作地缘经济和地缘战略的重点。在"向东看"战略的指导下，印度在南太平洋地区尝试调整能力建构和经济联系，寻求积极的对话和参与式合作。② 对于太平洋岛国来说，印度日益增长的国力已经对其有重要的影响。在中、美、日等大国在这一地区博弈的背景下，从某种程度上说，印度的参与可以平衡各大国的力量，同时太平洋岛国可以享受印度提供的经济援助，通过与印度的经济合作，提升自己的经济力量。

2. 双方合作过程的建构

与区域外的大国如美国、日本、中国、法国等相比，印度在南太地区缺乏一种稳定的战略，其对南太地区的参与只是"东进政策"的延续。印度对南太缺乏关注体现在其在该地区没有连续一致的外交代表（Diplomatic Representation）。在 14 个岛国中，印度只在两个国家有特派使节团（High

---

① Don Mackay, "Nuclear Testing: New Zealand and France in the International Court of Justice," *Fordham International Law*, Vol. 19, No. 5, 1995, p. 6.

② Pankaj Jha, "India and South Pacific—Multilateral Engagement, Bilateral Ties and Diasporic Connections," Papers presented at the Track Ⅱ India-NZ Dialogue, Wellington, New Zealand, 2010, p. 4.

Commission），分别是斐济和巴布亚新几内亚，原因是在斐济有相当多的印度裔斐济人，而印度与巴布亚新几内亚有着密切的经贸往来。

除了斐济和巴布亚新几内亚之外，印度通过"次区域"接触（subregional approach）的手段与其他12个岛国进行往来：印度在斐济的使节团被委派到汤加、图瓦卢、瑙鲁和库克群岛；在惠灵顿的使节团被委派到基里巴斯、萨摩亚和纽埃；在巴布亚新几内亚的使节团被委派到瓦努阿图和所罗门群岛；在菲律宾的使节团被委派到帕劳、马绍尔群岛和密克罗尼西亚联邦。[1] 考虑到这种零散的外交手段，印度很难利用其与南太地区"天然联系"的优势也就不足为奇了。

与此同时，印度的政策重点开始转向扩大其地缘战略视域，冲出东南亚的范围。[2] 印度国防部2006～2007年的年度报告强调，由于国家角色的变化，印度安全利益的范围应当超越传统东南亚的地缘政治范围，对印度来说，东南亚是一个很小的经济空间。[3] 这种观点在印度《2007年海洋军事战略》以及《2009年海洋战略报告》中被进一步阐述，两者都主张印度的空间利益范围应当超越传统的东南亚和印度洋。

从更宽泛的意义上说，印度扩大空间利益和地缘政治范围也是其"印太"（Indo-Pacific）[4] 战略视域下的题中应有之义。自2010年之后，"印太"这个概念逐渐在印度政府中取得了战略话语权，印度洋－太平洋的地缘政治和地缘经济意识在"印太"概念中日益显现出来，它把印度"南进"和"东进"的政策联系起来，东印度洋、西太平洋，甚至南太平洋都属于这一战略视域的范畴。不仅印度政府官员在不同的场合使用这一术语，而且很多海军将领以及有影响力的智库学者，比如希亚姆·萨兰（Shyam Saran）和雷嘉·莫汉（C. Raja Manthan）也强调了这一术语的重要性。印

---

[1] Tevita Motulalo, "India's Strategic Imperative in the South Pacific," *Gateway House Report*, 2013, p. 21.

[2] B. S. Gupta, "India in the Twenty-first Century," *International Affairs*, Vol. 73, No. 2, 1997, pp. 297 – 314.

[3] Ministry of Defence, Government of India, *Annual Report*, 2008.

[4] 第一个使用"印太"概念的是库拉纳（Gurpreet Khurana），他把这一术语同强有力的贸易流动和潜在的军事冲突联系在一起，参见 Gurpreet Khurana, "Security of Sea Lines: Prospects for India-Japan Cooperation," *Strategic Analysis*, Vol. 31, No. 1, 2007, pp. 139 – 153。随后"印太"被前海军上将阿琼·普拉卡什（Arun Prakash）再次使用，他指出现在是使用一个新术语的时候了，"印太"概念的出现恰逢其时，更多内容参见 Arun Prakash, "Rise of the East: The Maritime Dimension," *Maritime Affairs*, Vol. 7, No. 2, 2011, pp. 1 – 13。

度同日本、澳大利亚和美国的双边和多边关系使"印太"概念具有了更大的吸引力。

2002 年，印度作为观察员加入太平洋岛国论坛，承诺向岛国提供超过1000 万美元的援助，这反映了印度想参与该地区合作的意愿。印度前外交部长克里希那（S. M. Krishna）指出，太平洋岛国"向北看"的政策与印度"向东看"的政策吻合，将会创造一种协同效应，这是由于南太平洋地区自然资源丰富，双方在各个领域合作的潜力很大。考虑到双方特殊的需要，印度开始了其与太平洋岛国论坛持续的互动过程。印度有自己的岛屿区域，理解太平洋岛国在保护脆弱的生态系统时所面对的挑战与需求。在 2004 年的对话会议上，印度建议对卡瓦的化学效果进行研究。论坛成员国迫切希望在印度的实验室对卡瓦进行测试，这是因为卡瓦对岛国居民的生活有重要影响，而且是岛国重要的收入来源。2009 年，印度把援助扩大到 14 个太平洋岛国，援助额从 100 万美元到 125 万美元不等。

（三）斐济的社会化

南太平洋地区的合作进程主要受太平洋岛国论坛驱动，太平洋岛国论坛是推进地区主义的主要力量，不仅催生了一个稳定的地区环境，而且保证了"太平洋方式"的运行，最主要的是催生地区大国的社会化。社会化的标志是规范的传播和接受。[①] 太平洋岛国论坛的规范要求行为与"太平洋方式"相符合，主要是在协商一致的基础上进行决策，而不是独裁。[②] 斐济是太平洋岛国中经济实力较强、经济发展较好的国家。从地理位置上看，斐济位于西南太平洋中心，是南太平洋地区的交通枢纽，具有重要的地缘政治优势。所以，斐济是一个名副其实的地区大国。本案例主要是用太平洋岛国论坛恢复斐济成员国的资格来验证过程驱动模式对地区大国社会化的影响。

2006 年 12 月 5 日，时任斐济武装部队总司令姆拜尼马拉马发动军事政变，推翻了前总理恩加拉塞领导的民选政府并解散议会。2007 年 1 月斐济成立临时政府，姆拜尼马拉马担任总理。2009 年 5 月 2 日，太平洋岛国轮

---

① 秦亚青：《关系与过程：中国国际关系理论的文化建构》，上海人民出版社，2012。

② T. Fairbairn and Charles E. Morrison and Richard W. Baker and Sheree A. Groves, *Pacific Islands: Politics, Economics and International Relations*, Hawaii: University of Hawaii, 1991, p. 72.

值主席、纽埃总理塔拉吉宣布，由于斐济军事政府领导人姆拜尼马拉马没有在 5 月 1 日前公布在年底前举行全国大选的日期，论坛从即日起终止斐济的参会资格。太平洋岛国论坛之所以取消斐济的成员国资格，主要是因为斐济国内军事政变影响了政治稳定，动荡的国内政治环境不符合太平洋岛国论坛的规范。

在 2006 年斐济发生军事政变后，国际社会对斐济进行了严厉的批评。澳大利亚和新西兰强烈谴责了斐济政府，对其实施了制裁，包括对斐济政府官员、军事人员及其家属下达的旅行禁令。在新西兰求职的斐济临时工作人员的签证的签发被延迟了。① 西方对军事政变的指责及其对经济的负面影响使得斐济不得不调整自己的外交政策，重新选择贸易伙伴。比如从 2006 年开始斐济提高了对亚洲的开放程度，特别加强了同中国的贸易，以此作为 2006 年军事政变后斐济"向北看"经济合作政策的一部分。姆拜尼马拉马选择在 2010 年斐济独立四十周年之际，以观察员的身份参加上海世博会，他高度肯定了同中国的关系，指出中国对斐济的贷款达到了 15.6 亿美元，这些贷款被用于基础设施和房屋建设以及信息技术工程项目。② 但是这不足以抵销经济制裁带来的损失。

2013 年 6 月斐济总统批准新宪法，这使得斐济结束了宪法真空期，为 2014 年大选铺平了道路。新宪法不以种族划分人群，使得每一位斐济公民获得了"斐济人"的称谓，这体现了人人平等的民主原则。③ 虽然斐济仍然是一个威权主义国家，但是新宪法的颁布标志着斐济正在通往政治民主化的道路上，同时也体现了后现代国家进行社会化的努力。斐济的社会化不仅改善了国内的政治环境，同时也符合太平洋岛国论坛的规范。2014 年 10 月 24 日，因斐济成功举行议会选举，太平洋岛国论坛决定恢复该国的成员资格。

---

① 新西兰劳动部：《对斐济的制裁》，http：//www. immigration. govt. nz/NR/rdonlyres/227C8ED1-8D75-437E-97DE-1A8EE6FC5046/0/InformationleafletonsanctionsagainsFiji. pdf。

② Jian Yang, "China in Fiji: Displacing Traditional Players?" *Australia Journal of International Affairs*, Vol. 65, No. 3, 2011, p. 306.

③ 斐济新宪法共定义了 38 个公民权利。斐济最高权力部门——议会实行一院制，共设 50 席。议会选举每 4 年举行一次，仅设全国范围的单一选区，年满 18 周岁的斐济公民均有投票权。在议会占多数席位的党派领导人出任政府总理。总统是国家元首并行礼节性地担任斐济武装部队统帅。更多内容参见 http：//www. fiji. gov. fj/getattachment/8e981ca2-1757-4e27-88e0-f87e3b3b844e/Click-here-to-download-the-Fiji-Constitution. aspx。

五　结论和启示

本文通过南太平洋地区的合作框架、印度参与地区合作以及斐济的社会化过程三个案例验证了过程驱动模式。目前南太平洋的地区合作正处于一种变动的过程之中，所以不能用静态的理论来指导变动的合作过程。由于中、美、印、日等大国在这一地区的参与，这一地区的合作过程变得更为复杂。在这种复杂变动的背景之下，各种权力、制度和观念并没有成形，过程不断建构着行为体的身份和意义，催生各种新的规范，确立国家之间的关系。从某种意义上说，过程建构主义不仅能解释东亚地区的合作，而且同样能解释和指导南太平洋地区的合作。不同于传统的西方国际关系理论，用过程驱动模式解读南太平洋地区的合作具有重要的启示意义。

第一，强化"太平洋方式"。如果说"东盟方式"在凝聚东亚区域共识、推进东亚区域一体化过程中发挥着关键作用，那么"太平洋方式"则相对比较松散，宽泛的规范不利于区域认同的形成。太平洋岛国在政治、经济、文化等方面差异比较大，这种差异性和多样性将会长期存在，所以"太平洋方式"应该注重在合作过程中塑造成员对区域的认同感。而且"太平洋方式"有利于把各国的注意力从关注内部的纷争转移到注重各国的需要上，巩固各国的团结。

第二，加强区域内国家合作过程。除了斐济、巴布亚新几内亚之外，其余岛国经济普遍落后，所以岛国的发展依赖区域的合作。由于岛国地理位置的特殊性，国家之间比较分散，只有通过合作才能凝聚起来。传统的合作领域比较单一，大部分集中在环境、渔业等方面，所以国家之间的关系并不稳固。但是如果加强合作过程，各国不仅可以以"伙伴"的身份加入区域大家庭，还可以加强区域的凝聚力。由于南太平洋地区有密克罗尼西亚、美拉尼西亚、波利尼西亚三大种族文化区，所以集体认同感并不强烈。传统的地区主义忽略了过程本位和关系本位，南太平洋地区的合作只有加强合作过程，才能塑造各国大家庭成员的身份，培养集体认同，而这种集体认同反过来也会促进过程，所以正如过程建构主义所指出的，过程是流动的关系。

第三，深化太平洋岛国论坛的作用。不可否认的是，太平洋岛国论坛自成立以来，致力于南太平洋地区的政治、经济、环境等领域的合作，区域一体化程度日益提高，但是大部分岛国具有被殖民的历史，而这种殖民文化是和区域外国家合作的主要障碍。太平洋岛国论坛应该发挥地区组织的作用，在引领国家合作的过程中，深化国家间关系。与此同时，太平洋岛国论坛在推进区域合作的过程中，应促进国家的社会化，国家社会化的标志就是规范的传播和接受。上文中斐济的社会化就是很好的例子。

第四，加强同区域外国家合作的过程。一直以来，南太平洋地区具有战略区位、资源以及在联合国中不可忽略的地位等优势。现在区域外大国已经广泛参与到这一地区的合作过程中，地区外大国的参与使得太平洋岛国得到了很多实惠，比如经济援助等。在全球化的背景下，南太平洋地区的发展面临新的机遇和挑战，岛国自身存在脆弱性，在同区域外大国合作过程中建构身份和意义，可以使这些国家克服自身无法克服的脆弱性，利用大国的支持与参与得到实惠。

过程建构主义是源于中国的"天下"体系，不同于西方的国际关系理论。由于东亚地区受儒家文化影响比较大，所以它在东亚地区合作上具有解释力。但是南太平洋地区的文化不同于儒家文化，是一种异质文化，所以过程建构主义对这一地区合作的解释和指导有待于进一步的验证和探究。本文只是一个初步的尝试，在以后的研究中会进一步地探索。

South Pacific Region's Cooperation in the Horizon of Process Constructivism

LIANG Jiarui

Abstract：The development of western international relations theories mainly focuses on the systematic level, forming the main venation and analytical frame in the process of dialogue and debate. However, western international relations theories ignore social interactive processes and social relations. Therefore, the form of western theories is static, but the form of process constructivism is dynamic. Pacific Island countries are diverse and discrepant. Furthermore, the process of regional cooperation is dynamic. Therefore, we cannot use the static theories to explain and guide the regional cooperation. This article supposes that the cooperation of South Pacific region is being driven by the process, and the process and relations are the driving forces for the South Pacific region to cooperate further. This article also tests the mode of process driving by three cases including the cooperation framework, India's participation in the regional cooperation and Fiji's socialization process.

Keywords：Process Constructivism；the Mode of Process Driving；South Pacific Region；India；Fiji

萨摩亚的独立与
西方宪政模式的输入*

倪学德**

摘要：萨摩亚是第一个获得独立的太平洋岛国。在争取民族独立的过程中，萨摩亚基本上做到了西方文化和本地文化的有机结合，通过和平方式有序地从托管政府过渡到独立政府。萨摩亚在输入西方宪政模式的基础上，同时保留了自己的民族特点。萨摩亚的独立过程为其他太平洋岛国争取独立提供了参考和样板，在随后的二三十年中，南太平洋其他岛国也相继获得了民族独立。

关键词：萨摩亚　独立　宪政

第二次世界大战结束后，非殖民化进程加快。在南太平洋地区，西萨摩亚率先挣脱了殖民枷锁，获得了民族独立。同时，萨摩亚根据自己的基本国情，引入了西方宪政模式，把外来制度与本土传统有机结合起来，从而为发展中小国走向政治现代化提供了一个较为成功的例证。

一　德国和新西兰对萨摩亚的治理

1900 年 2 月，德国正式宣布西萨摩亚（简称"西萨"）为德国的保护国，并于 3 月 1 日在穆里努乌升起了德国国旗，从此西萨的正式名称变为

　＊　本文为国家社科基金重点课题"太平洋岛国研究"（15AZD043）阶段性成果。
　＊＊　倪学德，博士，聊城大学历史文化与旅游学院教授，太平洋岛国研究中心研究员。

"德属萨摩亚"。在升旗仪式上，德国宣读了德皇威廉二世的信件："为祖国献身的德国士兵倒下和埋葬的地方及德国鹰旗的鹰爪所到的地方，都是德国的土地，德国人将在那里存在。"① 这标志着德国将西萨划入自己的版图。

德国吞并西萨后，任命当时萨摩亚临时政府行政长官威廉·索尔夫为首任总督。索尔夫是位能力很强的人，他思维敏捷，行动果断，熟悉萨摩亚文化，对萨摩亚人的态度变化和舆论反应比较敏感。索尔夫在发表就职演说时表示，他将按照萨摩亚风俗来治理萨摩亚，同时，萨摩亚人必须承认德国皇帝是他们的最高君主，必须接受德皇的代表即总督在萨摩亚行使职权。索尔夫认为，萨摩亚人是需要进行教育和指导的大孩子，他要对这里的风俗习惯和法律机构进行更详细的研究，以便逐步转变萨摩亚人的生活方式和观念。

索尔夫上任后，采取了一系列措施来巩固其统治地位。首先，他解除了萨摩亚人的武装，到1901年初，共收缴枪支1500件。其次是解决王位继承问题。为了避免社会动乱，他宣布在萨摩亚德高望重的马塔阿法为至高无上的马他伊（即部落酋长），负责行政管理事务，总督的命令通过他传达给萨摩亚人。同时他还成立了主要由四大家族成员组成的管理委员会，来稳定萨摩亚社会。1911年，索尔夫离开萨摩亚，后升为德国殖民秘书。1912年，舒尔兹出任萨摩亚总督。

在经济发展方面，索尔夫认为萨摩亚太小，而且远离德国，即使西萨的土地被全部开发出来，对德国而言仍是微不足道的。但随着泛德殖民运动的开展，德国政府强调所有的殖民地都要服务于德国，德国的种植园主也希望开发萨摩亚。1901年，德国后备役军人里查德·迪肯写了《你好，萨摩亚》一书，对萨摩亚进行了富于浪漫色彩的夸张描述，这更加引起了德国人的开发兴趣。迪肯介绍说，萨摩亚是发展小型种植园的天堂，只要投入少量资金，就可以获得丰厚的利润。这本书在德国很受欢迎，对一些人希望去萨摩亚开发种植园起到了一定的推动作用。索尔夫不同意迪肯的观点，他认为大规模种植园农业是西萨经济发展的基础，只有大规模种植才能获利，试图依靠小型种植园创造财富的人不会富裕，这样将会降低德国人在萨摩亚的声望。因此，索尔夫极力支持垄断型的大公司，在获得土地和招募劳工方面给予其优惠。而对于多数小种植园主，由于他们大多已在萨摩亚成家立业，如果让他们获得更多土地有可能使其卷入当地的政治纷争，给当局带来麻烦，

---

① 翟兴付、仇晓谦：《萨摩亚》，世界知识出版社，2002，第80页。

所以他不鼓励小种植园经济的发展。

索尔夫只鼓励大种植园的政策使他和小种植园主之间的矛盾不断加深，小种植园主怨声四起，迪肯更是冲在前面，强烈反对索尔夫的政策。这引起了德国政府的关注，索尔夫不得不回国解释其在萨摩亚的政策。他的观点最终得到了德国政府殖民办公室的支持，索尔夫鼓励大企业但不支持白人定居的经济政策成为德国当局殖民政策的样板。

新西兰原来是英国的殖民地，后来由于民族主义运动的兴起，获得内部自治。它害怕母国英国的敌对国德、法在萨摩亚的影响超过英国，对自己构成威胁，因此希望英国占领包括萨摩亚在内的所有太平洋岛国。英国也正是基于这种考虑在 19 世纪末将库克群岛和纽埃吞并，使其归属新西兰。但由于种种原因，英国当时没有同意新西兰关于占领萨摩亚的请求。

20 世纪初，欧洲大国尤其是英德之间展开了激烈的军备竞赛，争夺殖民地的斗争愈演愈烈。第一次世界大战爆发后的第二天，即 1914 年 8 月 6 日，英国便用加急电报通知新西兰占领德属萨摩亚。新西兰接到指令后，很快就派洛根上校率领远征军开赴德属萨摩亚。不久，洛根宣布建立以他为首的萨摩亚军政府。

军政府时期最重大的事件是 1918 年的大流感。1918 年 11 月 7 日，来自奥克兰的载有一批肺炎流感患者的船只经斐济抵达阿皮亚。由于军政府没有采取任何检疫措施，流感在西萨摩亚迅速蔓延。洛根本人走村串户，送药及食品，但仍然有 8500 多人死于这场波及全世界的流行性感冒，占当地人口的 22%，这一比例居世界首位。[①] 据记载，当年新西兰死于流感的人数仅占总人口的不到 0.5%。而且更多的人虽然没有被病魔夺去生命，但也重病无助。向来注重葬礼的萨摩亚人，第一次眼睁睁地看着自己死去的亲人和好友被草率地抛进集体坟墓。

洛根军政府的无能在此次传染病疫情中表现得尤为明显，萨摩亚人和当地欧洲居民对洛根政府极其不满。1919 年，洛根回国。罗伯特·瓦尔德·泰特上校被任命为西萨摩亚行政长官。

1920 年 5 月 1 日，新西兰通过了《萨摩亚宪法草案》。这一法案的基础是新西兰宪法，为新的行政当局提供了法律基础。它剥夺了萨摩亚传统权威的作用，将权力集中到了行政当局手中，而且在萨摩亚议会中只给当地欧洲

---

① 胡平仁：《宪政语境下的习惯法与地方自治》，法律出版社，2005，第 122 页。

人相当少的席位，萨摩亚人在政府中只起顾问作用。1920 年 12 月，国际联盟理事会正式确认由新西兰托管西萨摩亚。

萨摩亚自 1921 年起由新西兰军政府治理改为民政统治，其主要目标是改善当地居民的福利。新西兰优先考虑的是萨摩亚的医疗卫生问题，建立了一些卫生设施。但新西兰政府规定在海外托管地当局任职的官员应保持中立，不能受当地政治的影响，再加上种族歧视的偏见，新西兰行政当局官员对西萨及其人民了解甚少；而当地政府不能参与政策的制定，他们只能执行新西兰当局制定的政策。新西兰行政当局于 1922 年通过了《萨摩亚罪犯条例》，剥夺了萨摩亚马他伊委员会将触犯法律或惹是生非者驱逐流放的权力，而将之转给行政长官掌握。长官可以用取消头衔的方法来惩罚违纪的马他伊，目的是强迫萨摩亚地方当局服从新西兰制定的规章制度。在 1921 年至 1926 年期间，就有 53 个萨摩亚马他伊遭到流放并丧失头衔。①

西萨摩亚人对这些规章制度非常痛恨，对新西兰家长式的独裁统治，尤其是对其干预萨摩亚权威头衔的做法深恶痛绝。1926 年，第二任民政长官理查森建议用现任马他伊任命继任者制度取代古老的马他伊选举制，更是引起了当地人的普遍反对。从 1914 年占领西萨到 1962 年西萨独立，新西兰统治西萨达 48 年之久。在这近半个世纪中，新西兰在西萨先后派遣了 9 位行政长官。尽管这些人的管理才能和方式各不相同，但有一点是共同的，那就是他们始终把新西兰的利益置于萨摩亚利益之上。在这恩恩怨怨的几十年里，新西兰也确立了与萨摩亚的特殊关系。

无论是德国不支持白人定居的政策，还是新西兰的民政统治，它们都没有摆脱旧殖民统治的窠臼，都是把萨摩亚作为附庸和统治对象，这自然引起了萨摩亚人的强烈不满。

二　起草新宪法

联合国成立后，托管委员会负责分配各大国的托管地，并对战败国控制的领地重新进行分配。《联合国宪章》托管委员会将西萨列为没有能力行使完全独立权力因而需要在国际监督下实行内部自治的领地，让新西兰托管西

---

① Malama Meleisea, *Lagaga*: *A Short History of Western Samoa*, University of the South Pacific, 1987, pp. 132 – 133.

萨摩亚。在未与西萨商议的情况下，新西兰与联合国托管委员会签订了托管协议。西萨人对托管安排非常不满，应萨摩亚人独立的要求，新西兰内政部助理秘书长福斯·沙纳汉作为总理特使于1946年底访问西萨，向西萨说明新西兰托管的目标是让其最终实现自治或独立。在这样的情况下，西萨才接受了让新西兰托管的决定。1946年12月13日，联合国大会批准了新西兰对西萨摩亚进行托管的协议。东萨归美国政府所有，不在托管范围之内，因此联合国对东萨问题无权过问。

1947年3月，西萨向托管委员会递交了请愿书，请求联合国派代表团到西萨考察并表明西萨接受托管的条件和要求。联合国考察团访问期间，萨摩亚人提出了有关立法委员会组成、当地人进入公务员队伍、不动产公司土地归属等问题的多项建议。在联合国考察团的努力下，西萨与新西兰殖民当局经过艰苦磋商，双方达成妥协，通过了1947年《萨摩亚修正法案》。主要内容包括以下几点。

（1）新西兰行政长官被指定为高专即高级专员，由"西萨摩亚政府"取代"西萨摩亚行政机构"。

（2）国务院由高专和萨摩亚顾问马塔阿法·法乌穆伊纳·费阿美·穆里努乌、图普阿·塔马塞塞·米亚奥雷第二和马列托亚·塔努马菲利第二等人组成。

（3）立法委员会更名为立法议会，对议会成员分配做出了明确规定。

（4）立法议会有广泛立法权，但高专对其有否决权。高专主持立法议会并拥有投票权。立法议会的权力不涉及国防和外交事务。

（5）1921年《萨摩亚法案》的宪法部分依然有效。

法案在法律上用"西萨摩亚政府"取代了原来的"西萨摩亚行政机构"，原来的新西兰总督改称"高专"，这标志着西萨将走向自治。因此，1947年《萨摩亚修正法案》被认为是西萨走向自治的里程碑。

1948年6月1日，新的萨摩亚国旗第一次与新西兰国旗同时升起，这个日子标志着旧时代的结束和新时代的开始，对西萨人具有划时代的意义，是他们心中的国庆日。这就是后来西萨独立时把6月1日作为独立日的原因。

1949年2月，盖伊·里查德逊·波尔斯接替沃尔克担任高专，他以善于处理民事著称，被认为是领导萨摩亚实现自治的恰当人选，在他任职期间萨摩亚没有出现大的社会动荡。

1954 年 11 月 10 日至 12 月 22 日，根据盖伊的建议，西萨召开了宪法委员会成立会议，通过了如下决议：

（1）建立由议长主持的立法议会；

（2）四大家族各自的最高头衔马列托亚、塔马塞塞、马塔阿法、图伊马列里伊法诺的拥有者有资格竞选元首；

（3）决定图普阿·塔马塞塞·米亚奥雷第二和马列托亚·塔努马菲利第二为终身双元首，取代高专的职能；

（4）由图普阿·塔马塞塞·米亚奥雷第二和马列托亚·塔努马菲利第二任宪法委员会双主席，宪法委员会下设工作委员会和指导委员会；

（5）宪法委员会在慎重考虑了各方面意见的基础上，决定于 1960 年成立独立政府；

（6）议会中 2/3 多数通过不信任案可以迫使内阁下台；

（7）赋予元首接受或拒绝总理建议的权力；

（8）新一届议会必须在大选 45 天内召开首次会议。①

1955 年新西兰政府接受了上述决定。1957 年西萨通过《萨摩亚宪法修正案》，重新界定了高专的职能，并决定实行内阁制，内阁由总理和 8 名部长组成，萨摩亚议员人数增加到 41 人，从 41 个选区的马他伊中选出，每个马他伊有一票选举权。1959 年成立自治工作委员会，就与实现自治有关的所有问题进行讨论并做出临时决定。10 月 1 日，《萨摩亚宪法修正案》生效后，西萨举行了首次从议员中选举总理的大选。费阿美·马塔阿法·法乌穆伊纳·穆里努乌第二当选总理，托菲劳·埃蒂·阿莱萨纳等被任命为内阁部长。费阿美·马塔阿法·法乌穆伊纳·穆里努乌第二在任农业部部长时就给人们留下了很好的印象，显示出政治领袖的风范。他能言善辩，有效地领导了国家发展，赢得了人们的信赖。

1960 年 1 月，宪法起草委员会开始工作。起草宪法最难的问题是关于萨摩亚人的基本权利以及马他伊的权利与义务问题。经过各方讨论磋商，委员会对有关宪法的一些基本问题达成一致：采取英国议院式宪法体制，国家元首的权力相当于英国女王的权力；实行内阁负责制；任何修宪议案，二读和三读之间应有 90 天的间隔，三读时需要有 2/3 多数通过才能生效。1954 年宪法委员会决定图普阿·塔马塞塞·米亚奥雷第二和马列托亚·塔努马菲

---

① 翟兴付、仇晓谦：《萨摩亚》，世界知识出版社，2002，第 117 页。

利第二为终身双元首。新宪法草案明确规定，双终身元首之一逝世后，另一位将单独担任元首之职。两个终身元首死后，应由议会选举单一元首，任期五年，同时成立至多由三人组成的副元首委员会，在元首因种种原因不能履行职责时代行其职。具有皇家头衔者有资格竞选元首或副元首委员会成员之职；如打算参与日常政治活动，必须宣布不竞选元首或副元首之职。

独立后的国名最后定为"西萨摩亚独立国"。议会的活动及与其工作有关的所有文件应同时使用萨摩亚语和英语。1960 年 5 月，成立了新的宪法委员会，其目的是实现"萨摩亚人的萨摩亚"的奋斗目标，新宪法于 1960年 10 月 28 日通过。

新宪法的制定为西萨摩亚的独立奠定了法律基础，这意味着独立后的萨摩亚在采用近代西方宪政结构的同时，也考虑到了自身的发展状况和基本国情。

三　西萨摩亚独立

1962 年 1 月 1 日早晨，来自南太平洋委员会成员国、德国及太平洋邻国的代表会聚阿皮亚，参加"西萨摩亚独立国"成立这一历史性庆典。新西兰总理及反对党领袖作为新西兰的代表出席了这一具有划时代意义的盛典。在万众瞩目的庄严时刻，新西兰国旗徐徐降下，西萨双元首图普阿·塔马塞塞·米亚奥雷第二和马列托亚·塔努马菲利第二一道升起了西萨摩亚独立国国旗。西萨摩亚从此结束了被异族统治的历史，开始了独立自主开创未来的新时期。

1962 年 1 月 1 日生效的西萨宪法规定，西萨采用立法、司法、行政三权分立的政体。议会是立法机构，采用一院制，设议长、副议长各一名，议员共 47 名。除具有"欧洲人"身份的独立选民外，"萨摩亚人"中只有具有马他伊头衔的人才具有选举和被选举权。

国家元首是国家的最高代表，除双元首为终身元首外，其后的元首由议会从副元首委员会成员中选举产生，任期五年。一旦元首因出国或其他原因不能履行职责，副元首委员会代行其职。副元首委员会由议会选举的至多三人组成。副元首可以书面形式向总理提出辞职请求，再由总理通知议会。副元首不能竞选议员。议会根据动议并经至少 2/3 多数同意才能通过决议免去副元首之职。

总理由议会选举产生，由总理任命内阁部长，宪法规定内阁下设九个部，分别是司法部、土地和头衔及中央注册部、农业部、邮政广播电视部、土地测量部、教育部、卫生部、财政金融经商部和工程交通部。总理和部长们要向元首宣誓就职。

萨摩亚的司法体制很有特色，其司法机构设上诉法院、最高法院、区法院和土地与头衔法院各一个。首席大法官是上诉法院、最高法院和区法院的院长，占有很重要的地位，独立于任何党派和政府。区法院有 2 名法官，土地与头衔法院有 13 名法官。

上诉法院是由最高法院的审判长和其他法官以及国家元首任命的人员组成的高等记录法院，通常根据司法事务委员会的意见行动，其一般管辖权是审理和判定上诉。

最高法院是高等记录法院，享有充分的民事、刑事和宪法事务的司法裁判权。它由国家元首根据总理的建议任命的首席法官以及国家元首根据司法事务委员会的建议任命的其他法官组成。其职权范围包括：享有民事和刑事管辖权；有权审理来自区法院的民事上诉、涉及 5000 塔拉（萨摩亚的货币单位）以上的判决、对土地的权利存有争议的案件，或是地方法院委托的案件；有权审理由上诉人提起的刑事上诉，不过需符合以下任一情况，要么是该上诉人业已被判有罪，要么是已做出的裁定对其不利。

区法院原称地方法院，可由地方法官组成，也可由助理地方法官组成。这些地方法官和助理地方法官都是由国家元首根据司法事务委员会的建议而任命的。

土地与头衔法院审理有关土地继承和马他伊头衔继任方面的案件，具体职能是：对各种涉及萨摩亚主要头衔及土地所有权的争端拥有管辖权；审理来自村委员会的上诉。来自土地与头衔法院的上诉由院长和院长指定的两名萨摩亚法官所组成的法庭审理。①

萨摩亚除了以上四级司法体制，还有最低一级的村委员会。村委员会是萨摩亚《1990 年村委员会法》正式承认的一个综合性基层自治机构，在村级范围内同时拥有立法、执法和司法大权，独立地处理诸如文化、习惯与传统等方面的事务。

宪法规定，萨摩亚国旗的旗面为红色，左上角占总面积四分之一的蓝色

---

① 胡平仁：《宪政语境下的习惯法与地方自治》，法律出版社，2005，第 153 页。

长方形内是在南太平洋国家国旗上常见的由 5 颗白色五角星组成的南十字星座。这些美丽的星星随风飘扬，传达着独立后的萨摩亚人扬眉吐气的豪情。红色象征萨摩亚人的勇气和力量；蓝色既代表海洋和天空，又是自由和独立的标志；白色则象征神圣与纯洁。

萨摩亚国徽是一个用红线勾勒出的地球，赤道横穿地球中部，正中是由椰树和南十字星座图案构成的盾徽。蓝色波纹线代表浩瀚无垠的太平洋，重叠的绿色山丘和白色天空代表岛国西萨摩亚，绿色的椰树代表上帝所赐的万物生灵。国徽顶部矗立着一枚闪闪发光的红边蓝色十字架，象征宗教的力量超越世间万物，包括天空、陆地和海洋。国徽两边的橄榄树叶是联合国的标志，它与中间的地球和盾牌一起，意味着萨摩亚是全球性国际组织联合国的一员。国徽基部的饰带上写着"上帝创造萨摩亚"，显示了萨摩亚人对上帝的无比尊崇和虔诚，他们相信是上帝为他们带来了这无比珍贵的自由。

萨摩亚在独立过程中借鉴了西方的议会制度和三权分立的国家政体，但它的司法体制还是照顾到了村社的自治传统，在一定程度上体现了萨摩亚的民族特色。

四　宪法中萨摩亚公民的基本权利

萨摩亚的现行宪法在 1960 年起草过程中所面临的最大问题之一，就是公民的基本权利问题。这是已发展了上百年的英国普通法的基本特点，它已成为西方法律制度中的根本原则。基本权利是指个人的权利，不论其社会地位如何。而在萨摩亚，习惯法强调团体权利。萨摩亚宪法确认的公民的基本权利概括起来大致包括以下内容。

（1）生命权。宪法第 5 条规定，除了执行法庭根据其罪行依法所做的有罪判决外，任何人都不得被故意剥夺生命。

（2）人身自由权。宪法第 6 条规定，除了根据法律外，任何人都不得被剥夺人身自由。

（3）免于非人道待遇的自由。宪法第 7 条规定，任何人都不得蒙受酷刑、非人道或者丧失体面的待遇或者惩罚。

（4）免于强迫劳动的自由。宪法第 8 条规定，任何人都不得被勒令从事劳动；但依法判决的处罚、军事性服役、拒服兵役者的服役、紧急状态下或者灾难威胁生命时以及萨摩亚习俗所要求的或作为正常的公民义务的组成部分的任何工作或服务除外。

（5）公正审判权。宪法第 9 条规定，在确定其民事权利和义务或者判断对其的犯罪指控的过程中，每个人都有权在一个合理的时间内，通过依法设立的中立和公正的法庭，公正和公开地听审。判决必须公开宣布。任何被控告有罪的人在依法被证实有罪之前，都应当被假定为无罪。任何被控告有罪的人都不得被迫成为对他自身不利的证人。任何被控告有罪的人都有下列最低限度的权利：以他所能理解的语言，详细地告知他被控罪名的性质和原因；有足够的时间和设施为他的辩护做准备；亲自为自己辩护或通过他自己选定的律师辩护，如果他没有足够的财产支付律师费用，应予免费；审查对他不利的证人，审查代表他的利益的证人；如果对他是否能理解或说出法庭上所使用的语言存有疑问，应该免费提供一名翻译给予帮助。

（6）有关刑法方面的权利。宪法第 10 条规定，除了法律确定的犯罪外，任何人都不得被判有罪。任何人不得因行为时未构成犯罪而被认为有罪，任何以某种罪过被审判的人，在判决有罪或无罪之后，不得因同样的罪过被再次审判。

（7）信仰自由权。宪法第 11 条规定，每个人都有信仰自由的权利，包括改变宗教或信仰的自由，任何人都有传播其宗教或信仰的自由。

（8）有关宗教教育的权利。宪法第 12 条规定，任何人都不得被强迫接受宗教教育，每个宗教团体都有权建立教育机构，并提供宗教指导，国家对这种教育机构进行检查和监督。

（9）有关言论、集会、联合、迁徙和居住的自由。所有的萨摩亚公民都有演说和表达的自由、不携带武器以和平的方式集会的自由、形成联盟的自由以及在整个萨摩亚随意迁移和在任何地方居住的自由，但法律规定的情形除外。

（10）有关财产的权利。宪法第 14 条规定，任何财产都不得被强行占有，并且不得从任何财产中强行获得任何权利或利益。

（11）免于歧视性立法的自由。宪法第 15 条规定，所有人在法律面前一律平等，并有资格获得法律的平等保护。①

萨摩亚宪法在公民基本权利方面的规定是比较具体的，处处体现了人权保障的精神，而且绝大多数条款都非常明确，可以直接运用于司法实

---

① 胡平仁：《宪政语境下的习惯法与地方自治》，法律出版社，2005，第 143 页。

践。根据宪法条款，萨摩亚还制定了相应的有关人权和公民权保障的基本法。然而，由于历史文化传统，萨摩亚是一个等级分明的社会，不仅拥有马他伊头衔的人与没有头衔的人之间很不平等，就是在有头衔的人之间，也有诸多等级划分。因此，尽管宪法明确规定法律面前人人平等，反对歧视性立法，但这与实际情况仍有较大出入，这突出表现在选举权与被选举权问题上。萨摩亚宪法中所规定的公民基本权利并没有选举权与被选举权的内容，只有具有马他伊头衔的人才有选举权和被选举权。这不是一时的疏漏，而是萨摩亚习惯法对宪法的影响所致。换句话说，萨摩亚引入了西方的民主制度，但又保留了传统的马他伊体制。这种体制是一种土著制度与现代民主制度的复杂结合，是具有萨摩亚特点的宪政民主，诚如萨摩亚国会议员莫尔斯在一次演讲中所说："你说你要教给我们如何在萨摩亚使用民主的原则，但是在这儿，我们现在拥有民主，我们与民主共存，我们热爱民主，而且在不断执行民主。"① 在马他伊体制下萨摩亚等级分明，社会秩序井然，说明传统体制在萨摩亚政治生活中具有不可替代的作用。

　　综上所述，萨摩亚在制定独立宪法的过程中引入了西方的宪政模式，但也考虑到了自身的发展状况和基本国情，形成了具有自己民族特色的政治制度。值得注意的是，在这种复杂结合的政治体制下，萨摩亚不仅没有出现大的社会动荡，而且社会秩序良好。客观地说，萨摩亚在政治现代化过程中注重民族传统与西方模式融合的做法，对于一些发展中的小国来说，是具有一定的借鉴意义的。

Independence of Samoa and the Introduction
of Western Constitutionalism Model

NI Xuede

Abstract：Samoa is the first Pacific Island country to gain independence. In the course of striving for national independence, Samoa basically has an organic combination of western culture and local culture, and it nails its transition orderly

---

① 韩铁如：《萨摩亚纪行》，上海科学技术出版社，2012，第68页。

from managed government to independent government by peaceful means. Based on western constitutionalism model, Samoa still retains its own national characteristics. The course of Samoa striving for independence provides reference and model for other Pacific Island countries. In the following two or three decades, other Pacific Island countries also gained national independence in succession.

Keywords：Samoa；Independence；Constitutionalism

浅析马绍尔群岛的社会治理[*]

刘丽坤[**]

摘要： 在西方殖民者发现马绍尔群岛之前，地理因素塑造了马绍尔群岛文明兴起与演化的轨迹。为应对恶劣的自然环境，岛民发展出酋长制和氏族制度，以汲取自然资源和组织生产作业。在上千年的自然演化之中，马绍尔群岛形成了独特的传统与文化，地理因素在其中起到关键性的作用。以理性化和世俗化为核心的西方文明的入侵，打破了马绍尔群岛文明的演化轨迹，引发了传统与现代的碰撞，形成了独特的融合性政治秩序。

关键词： 马绍尔群岛　社会治理　酋长制　氏族制度　融合性政治秩序

一　传统社会的治理

马绍尔群岛的传统社会治理制度为酋长制，它以马绍尔群岛的等级制度为基础。马绍尔群岛在欧洲人到来之前已经发生了社会分化，形成了"贵族"和"平民"两类。马绍尔群岛上的氏族贵族由伊迪里克氏族和耶罗迪亚氏族的成员组成。这个地区的首领（有时人们称其为国王）总是伊迪里

---

* 本文为国家社科基金重点课题"太平洋岛国研究"（15AZD043）阶段性成果。

** 刘丽坤，博士，聊城大学政治与公共管理学院讲师，太平洋岛国研究中心研究人员。

克氏族的成员。首领的妹妹必须嫁给耶罗迪亚氏族的男子。世系血统按母系计算，首领妹妹的子女中将有一个承袭国王的封号。这种早期阶级制度是传统社会结构的基础。[①]

社会分为三个等级。第一等级即酋长（Iroij），酋长拥有土地所有权、资源的使用和分配权，以及争端的最终裁决权，且不从事体力劳动。普通民众认可并接受酋长对资源的控制。特定的岛礁被辟为酋长的领地，特定的食物只能由酋长享用，特定的物种为酋长专享，如鲸鱼、乌龟、海豚及军舰鸟等。其他岛礁的珊瑚岬被辟为酋长采集食物的专门场所。私闯酋长领地被明确禁止。酋长在外表上也有别于平民，他们身上文有特殊花纹，穿戴也比较好。他们的房子离居民点较远，比普通民宅要好。在马绍尔群岛，土著居民的村落往往在其所拥有的土地旁的潟湖边上，以抵御风暴。酋长几乎每天在自己的住处接见自己的部属和臣民，接受他们的礼物和他们谈话。当酋长坐在地上的时候，普通人必须坐在较远的地方。见到酋长时必须遵守一定的规矩和礼仪，比如妇女是不可以蓬头散发地出现在酋长面前的。酋长掌握着土地的控制权，土地是他们的主要财富。酋长死后，他们的土地将传给其兄弟，如果没有兄弟就传给姊妹，这个形式与母系继承制有关。

酋长对平民拥有极大的权势，这不仅是对居民的财产，而且在很大程度上也包括平民的人身自由。[②] 然而，在马绍尔悠久的口述史中，酋长往往带有"友善"的光环。马绍尔人认为，友善的酋长会受到神的庇佑，并得到人们的拥护；而贪婪、暴虐和富有野心的酋长则会遭到人们的抵制。在马绍尔传统中，酋长是否友善或大方是判断其是否得到神佑的标准。在马绍尔及大洋洲的传统文化中，酋长的重要职责是与民众共享食物，改善人们的饮食，爱民如子，酋长与普通民众犹如父子。酋长代表着友善、互惠与真理。民众则为酋长贡献食物，提供劳役。马绍尔人认为，友善为生命之源，代表着真理，而仇恨则导致灭亡。社会关系中的友善与互惠尤其为人看重。

在最高等级酋长之下，为第二等级宗族首领（alap），亦为贵族阶层，他们负责日常事务的管理，以确保宗族的利益得到满足，土地得到恰当的使用。宗族首领有自己的土地和下属，是这些土地的管理人。他们占有的土地

---

① 〔苏〕托卡列夫、〔苏〕托尔斯托夫主编《澳大利亚和大洋洲各族人民》，李毅夫等译，三联书店，1980，第987页。

② 〔苏〕马拉霍夫斯基：《最后的托管地》，史瑞祥译，商务印书馆，1980，第41页。

面积可能远远超过酋长所占有的土地面积。但是，他们必须给酋长提供农产品和鱼类产品，派人服各种劳役，并为自己的首领打仗。他们为酋长尽各种义务，并从酋长那里取得土地。他们在名义上是酋长的顾问，是各种仪式和宗教典礼的主持人，他们在社会上具有很大的权势。

第三等级则为劳工（ri-jerbal），在马绍尔语中，"ri"为"平民"之意，而"jerbal"则意为"工人"。劳工往往被称为"kajor"（氏族之力），这一名称表明了劳工与酋长、宗族领袖之间的共生关系，酋长与宗族领袖负责土地的控制与管理，而劳工则负责土地的耕作，以提供食物等生活与物质资料。劳工在酋长的土地上耕种，且不能脱离这块土地。酋长无权出卖劳工，只可以把劳工移到另一块土地上去劳作。劳工虽没有土地的所有权，但是大多数的劳工世代代都在同一块土地上生活。他们差不多是在没有监督的情况下进行劳作的，因为酋长只在极少的情况下前往他们的领地进行视察。酋长可以在任何时候把劳工驱离其领地。劳工向酋长缴纳的实物税有一定的规则。从一月至六月收割的全部庄稼（马绍尔群岛一年收获两次）属于酋长，其余六个月的收获则属于劳工。此外，劳工还必须为酋长编织席子，席子对马绍尔人来说是很贵重的东西，每一个家族的族长必须在规定的时间内向酋长献上一定数量的席子。在传统社会劳工对酋长的依存度相当高，不仅其财产，就连其生命也取决于酋长。

二 殖民统治时期的酋长

西方殖民者入侵后，马绍尔群岛的传统文化受到很大的破坏，并且出现了人口的锐减。虽然受到西方文明的影响，但是酋长的统治依然在某种程度上得以保留，只是表现形式与之前不同。在西班牙殖民统治期间，马绍尔群岛的酋长制未受到大的影响，酋长常常替殖民政府向民众传达其所制定的政策。总体来说，在此期间，酋长依然保留着对民众的统治权。在德国统治期间，德国殖民政府主要依靠当地的酋长维持对马绍尔群岛的控制和治理，建立起一套间接统治模式。德国殖民政府主要关注马绍尔群岛的商业潜力，致力于将椰干贸易的获益最大化，而未对马绍尔群岛的传统制度与管理模式做出改造。因此，马绍尔群岛的传统社会结构与酋长制依然得以维系，酋长的权势没有受到大的影响，尽管如此，在西方商业文明的影响下，许多酋长投身于商贸领域，这在某种程度上进一步增强了他们的权势。

1917 年国际联盟授予日本马绍尔群岛的 "C" 级托管权。托管初期，根据上述要求，日本当局依据德国的治理经验在马绍尔建立了间接统治的管理模式。依据德国的治理模式，日本行政当局禁止当地人向外国人出售土地，禁止马绍尔群岛居民在未获得日本当局许可的情况下转让、买卖或者抵押土地。当地酋长依然维持着传统的权力，且行使着向当地居民征收人头税的职能。但是，日本当局逐渐地改变了其统治初期的治理模式，这一变化严重损害了当地酋长的传统权威和社会地位。

根据日本行政当局为马绍尔群岛居民制定的法律，平民与酋长在法律上是平等的，这一原则与当地社会的传统等级结构相冲突。平民与酋长法律地位的平等意味着，酋长如违反法律将会像违法的平民一样受到处罚，而且，酋长的犯罪行为将会受到公开的谴责。1922 年日本当局政策的转变导致酋长权威的下降。在 1922 年之前，日本当局通过当地酋长实施 "间接统治"，在那之后，日本当局更多是通过他们指定的人选进行直接统治。根据《村落政府官员管理条例》的规定，每一个村落拥有一位村长和一位组长，他们的职责是向村民宣布日本当局发布的政令，记录村民的出生与死亡情况并上报政府。虽然村长与组长的职责是相同的，但是，组长在行政级别上低于村长，且服从村长的领导。任何违反政令的村民会受到日本当局的处罚（常常由警察实施），因此，村民不得不服从日本当局制定的管理条例，即使这些条例和当地酋长的治理规则相冲突。

随后，日本当局颁布政令禁止平民向酋长进贡，这进一步削弱了酋长的传统权威。当地商品经济的发展改变了平民与酋长、土地与人们之间的传统关系，引致当地朝贡体系的变革。之前，酋长负责分配土地的产出——酋长往往占据土地产出中最好的和初熟的果实，剩余的产出则分配给平民。虽然朝贡体系发生变革，但是，在平民向酋长进献礼物时，酋长仍需回赠罐头食品、大米、饼干和面包。因为人们不再让酋长分配他们生产的农产品，所以，酋长把所有进献当作礼物，而且为获得大众的支持，酋长们往往用盛大的宴会款待同部落的族人。日本当局认为这些宴会活动花销太大，因此，自 1925 年起在贾卢伊特岛上禁止平民向酋长进贡。虽然终止进贡意在减轻酋长沉重的经济负担，但是，却也最终摧毁了酋长与族人交易与互惠的传统手段。

日本当局同样认可了酋长在货币经济中职责的变化，并规定酋长应负担当地人的医疗费用。根据马绍尔群岛的传统习俗，酋长对当地居民的福利负有责任，酋长负担医疗费用的规定则正是源于这一传统习俗。随着进出贾卢伊特岛交通条件的改善，在贾卢伊特岛上的医院就医的病人数量剧增。因为前往贾卢伊特就医的人员数量众多，造成酋长的负担过重，所以酋长有时拒绝支付医疗费用。酋长支付医疗费用的方式类似于现代医疗保险制度，他们会在病人接受治疗之前，向其颁发保证支付费用的证明。20世纪20年代末，在经过协商之后，酋长同意为在其家乡治病或在其他较小的四个医院治病的人员支付一半的费用，从而减少了前往贾卢伊特岛看病的人员的数量。日本当局打破传统社会等级结构的政策，使得氏族社会的封建制度渐渐成为酋长的负担，而不是有益之物。

在日本统治马绍尔群岛期间，酋长职责的另一个变化就是，他们需为与他们一同乘坐日本船只的家人和同部落成员支付费用。款待亲属本是酋长的传统职责，但是，在日本船只控制了岛屿之间的交通线路之后，酋长款待亲属的职责扩大为有义务为同部落成员支付船费。尽管如此，平民并不乐意酋长为他们支付费用，因为接受酋长施予的恩惠，往往意味着平民有义务向酋长进献礼物或者向酋长提供劳役。因此，在大多数情况下，平民会自己支付交通费用。

虽然酋长仍然控制着土地，但是日本当局政策的变化使得酋长丧失了很多的政治与经济特权。日本当局赋予酋长的经济义务使得许多酋长入不敷出。越来越多的酋长进入日本的统治机构任职，服从日本的领导，且为日本的统治服务，这使得他们丧失了平民对他们的尊重。酋长已经失去了他们原本拥有的绝对权威，他们服从日本当局的管辖和接受法律的约束。酋长原本的特权地位也已不复存在，在日本当局制定的法律面前与平民地位平等。由此，酋长丧失了政治与经济领域的影响，逐渐演变为无任何政治与经济权力的有名无实的领导。

1945年，美国击败日本占领了马绍尔群岛，并随后获得马绍尔群岛的托管权。在美国托管期间，贵族仍然拥有很大的政治权力。地方行政长官的职位由酋长充任，其他的行政职位对平民开放，平民能否胜任取决于他们的技能。1947年，马朱罗的委员会有135位成员，其中13位是酋长。美国力图用这一行政体系取代马绍尔群岛原有的等级体系，由占据高级行政职位的人实施领导，而不是由贵族领导民众。通过建立原住民环礁委员会和法庭，美国把民主制度引入了马绍尔群岛，由此，平民获得了在选举中击败贵族以获取领导职位的机会。美国当局利用平民对传统等级制度的厌倦，力图利用民主制度铲除贵族的传统影响和弱化酋长的权势。

美国当局的政策和活动加剧了存在于马朱罗的平民与酋长之间的政治对立。虽然美国当局力图弱化酋长的传统影响，且赋予平民一定的政治权利，但是它仍需借助酋长的合作以使美国在马绍尔群岛的利益合法化。美国当局先后召开了酋长大会以及地方行政长官与抄写员大会，旨在进一步保护托管地的习俗，并通过设立制度化的酋长特权和包括大酋长委员会的两院制立法机构，争取酋长对美国当局的支持与合作。在建立马绍尔群岛立法机构的过程中，酋长的利益在西方的民主制度与原则中得到体现和维护。

三 酋长与现代政治

马绍尔群岛独立后，虽然酋长的传统权威、民众对酋长的依附已受到很大削弱，且民众对其的尊重已大不如前，但是，酋长制的基础——土地所有制依然得以维持，并且酋长在政治领域有着无可比拟的影响力。在马绍尔群岛的独立运动中，最主要的领导者便是拉利克群岛的最高酋长阿马塔·卡布阿。在德国统治期间，德国当局便与其家族合作以维持其殖民统治，并称与其合作的卡布阿为"拉利克群岛之王"。在独立后，阿马塔·卡布阿担任总统长达17年之久，其所采取的政策无疑塑造了马绍尔群岛的发展轨迹和马绍尔的民族性格，在其之后的大部分总统都是酋长出身。同时，马绍尔群岛在政治体制中设立大酋长委员会与传统权利法院，以保护酋长的传统权威以及酋长制的基础——传统土地权利免受西方文明的冲击。

马绍尔群岛1979年宪法设立了一院制国会作为立法机构，但是没有明确的条款要求酋长直接参与立法机构，也没有为酋长预留名额。为保障酋长的传统权益，马绍尔群岛设立了大酋长委员会，酋长通过该机构对国会和立法程序施加影响。大酋长委员会作为议会助理机构，负责向内阁提供咨询意见和建议。大酋长委员会委员任期一年，其中5名委员从日落群岛选出，7名委员从日出群岛选出，他们必须是合格选民，且不能为国会议员。酋长委员会主席和副主席在每个日历年的该委员会第一次会议中，由出席会议的委员以多数票选举产生。①

---

① 王晓民：《世界各国议会全书》，世界知识出版社，2001，第702～703页。

　　大酋长委员会可以就任何有关马绍尔群岛的事宜向总统内阁提议，参与审核习惯法或任何传统惯例，包括土地所有制的立法。虽然宪法没有明确规定内阁必须按照大酋长委员会的建议行事，或者针对该机构的建议采取特别行动，但是，在涉及习惯法或任何传统惯例的事宜上，总统内阁是相当重视大酋长委员会的建议的。

　　大酋长委员会对现代政治的影响并不限于对政府内阁提供咨询和建议，马绍尔群岛的宪法为其影响立法提供了特定的渠道。根据宪法，大酋长委员会独立于国会，国会能够影响大酋长委员会的方式寥寥无几。相反，大酋长委员会则可要求国会重新审议立法法案，参与审核习惯法或任何传统惯例的立法，包括土地所有制的立法。在马绍尔群岛，任何三读通过的法律必须由国会文员抄送一份给大酋长委员会。大酋长委员会有一周的时间决定是否对国会提交的法案采取行动。直到一周后，大酋长委员会决定不采取行动，国会对三读通过的法案才能予以确认。

　　在这一周中，大酋长委员会就法案是否影响习惯法或传统惯例进行讨论。大酋长委员会可以通过决议向国会表达其意见，并要求国会重新审议。其他情况下，大酋长委员会则不通过决议，或者不对法案采取任何行动。通常，当大酋长委员会通过决议要求国会审议法案，国会议长会向大酋长委员会主席进行咨询，并组建国会与大酋长委员会联席会议，以对法案进行修改。

Analysis on the Social Governance in Marshall Islands

LIU Likun

Abstract：Before the western colonists discovered Marshall Islands, geographical factors had shaped the trajectory of its civilization proceeding. In response to the harsh natural environment, people in Marshall Islands developed the chieftaincy institution and the clan system to draw the natural resources and organize production. Along the natural evolution of Marshall Islands' civilization over thousands of years, Marshall Islands had formed a unique tradition and culture, in which geographical factors played a key role. The invasion of western civilization with the core of rationality and secularization broke the evolution of Marshall Islands ' civilization, triggered the collision between tradition and modernity, and formed a unique and integrated political order.

Keywords: Marshall Islands; Social Governance; Chieftaincy Institution; Clan System; Integrated Political Order

在碰撞与调适中走向现代[*]

——萨摩亚酋长制与民主制的冲突与融合

石莹丽^{**}

摘要： 南太平洋诸岛国政治体制的一个鲜明特点是酋长制或者族长制，它是家族、村落和国家最基本的运行机制。这种传统的政治管理体制，不但维系了整个国家的运转，还在某种程度上节约了处理民事纠纷的成本。其中，萨摩亚的族长制更具代表性，它是萨摩亚行之有效的基层权力，靠着千余年来的祖宗宗法和经验累积管理并维持整个家庭和社会的运转。但由于萨摩亚在历史上曾遭受英国、德国、新西兰等国的殖民统治，其政治体制呈鲜明的两极特点，即在基层单位实行酋长制，在国家权力机关实行民主制。两者在很大程度上形成默契的上下级关系，呈和谐共存之态势。此外，宗教是游走于这两层权力机关之间的一个特殊要素，它对于民众精神世界的驾驭于无形中有力地辅佐了权力运行，从而在一定程度上维护了社会秩序，强化了基层权力体制。三者的有机结合形成了萨摩亚独特的政治文化。

关键词： 萨摩亚　酋长制　民主制　宗教

在南太平洋岛国的政治体制中，酋长制或者族长制特点鲜明，在家族、村落和国家是最基本的运行机制，兼具家族性、传统性和权威性。这种传统

* 本文为国家社科基金重点课题"太平洋岛国研究"（15AZD043）阶段性成果。
** 石莹丽，博士，聊城大学历史文化与旅游学院副教授，太平洋岛国研究中心研究员。

的政治管理体制，不但维系了整个国家的运转，还在某种程度上节约了处理民事纠纷的成本，其根深蒂固的权威性对整个社会的稳定起到了至关重要的作用。令人不解的是，时至今日，政治民主化已覆盖几乎所有国家，而南太平洋诸岛国仍然按部就班地奉行着延续了上千年的族规族制，族长的权威性、整个家族及村落的等级制无不令人望而生畏。在所有的南太平洋岛国中，萨摩亚的族长制最具代表性。尽管这个国家不大，但有许多令人费解的地方：历史上曾是英国、德国、新西兰的殖民地，但依然保留着自己独有的风俗习惯；在人际关系和行政管理上等级森严；政治管理体制呈两极化特点，即在村落里实行族长制，在国家层面上奉行西方民主制，实行代议制；等等。绝对的权威与绝对的民主相互融和，相互制约，相互碰撞，又在摩擦中进行自我调适，形成了萨摩亚独特的政治文化。

一　三位一体的社会管理结构

萨摩亚的社会管理结构由三部分组成，分别是延伸家庭、Matai 管理和宗教信仰，三部分共同存在，相辅相成。酋长或者族长在萨摩亚被称为 Matai，英语译为 Chief，有的中国学者习惯将其译为头人。本文将采用萨语或英语称谓。

延伸家庭（extended family）是萨摩亚民众最基本的生活单位。所谓的延伸家庭，就是由父母、兄弟姐妹及其子女共同组成的大家庭，少则十几人，多则几十人，主要由血统和婚姻来维系。在一个延伸家庭里，通常由几位 Matai 共同掌管家庭收入，商讨家庭事务，分配家庭劳动，决定家庭开支等。当然，如此庞大家庭的成员并不是长期固定不变的，因为每个人都有很多亲戚关系，这也就意味着每个人有很多个延伸家庭和 Matai 可以选择。因此，家庭成员的离开和接受新的家庭成员对于萨摩亚人来说司空见惯。尽管一个延伸家庭是由若干个由父母和子女构成的小家庭组成的，但在萨摩亚，小家庭并不是劳动的基本单位，每一个小家庭通常也不会独自开火和进行经费开支，他们的财产收入、日常开支等都由延伸家庭决定和支配。这是因为在延伸家庭里能够有固定收入的家庭成员不多，比如政府工作人员、教师、公司职员、个体商户等，他们的收入要供应全家日常生活用品的购买、兄弟姐妹子女的学业、家庭公共建设以及婚丧嫁娶等诸多事项，而没有收入的家庭成员则负责料理家务、看管孩子、务农等。

　　若干个延伸家庭共同组成了村子。在萨摩亚的政治体制中，最低一级的行政管理单位是村，村以上是区，区以上是国家。现在萨摩亚共有 362 个村、25 个区。每个村子从几十户人家到上百户人家不等。萨摩亚人没有城市户口和农村户口之分，所有居民均属于所在的村子，即便在首都生活的人也是如此。大家的日常生活、宗教活动等都是在村子里进行的。村一级的行政管理机构是村民委员会，该委员会由各个延伸家庭所推选的 Matai 共同组成。每个村子里还会有一至两个 High Chief 即总 Matai。遇有大事 High Chief 就召开会议，大家共同商议，不过最后的决定权往往在 High Chief 手中。

　　萨摩亚民众的宗教信仰始于 1830 年伦敦教会传教士约翰·威廉的到来，[①] 之后由于德国、新西兰的相继占领，基督教逐渐分成了许多教派。总体来看，在早期基督教的基础上，现在主要有伦敦公理会、罗马天主教、卫理公会、摩门教、神召会、基督复临安息日会等教派，而前三种教派的信众在萨摩亚所占人口比例最多。因此，在每个村子里，一般至少建有这三种教派的教堂。萨摩亚人的宗教信仰状况详见表 1。

表 1　2001 年、2006 年和 2011 年萨摩亚人宗教信仰状况

单位：%

年份	2001	2006	2011
伦敦公理会	34.8	33.8	31.8
罗马天主教	19.6	19.6	19.4
摩门教	12.7	13.3	15.1
卫理公会	15.0	14.3	13.7
神召会	6.6	6.9	8.0
基督复临安息日会	3.5	3.5	3.9
其他宗教或教派	7.7	6.6	7.9
无信仰者	0.1	2.0	0.2

　　资料来源：由作者根据萨摩亚 2001 年、2006 年和 2011 年的人口普查资料整理。

　　萨摩亚人的宗教信仰活动自觉有序：每个信教家庭早晚要集体祈祷，吟唱圣经歌曲；婚丧嫁娶等活动大部分要在教堂进行；每个村子傍晚时分会响起钟声，提醒大家祈祷开始，禁止喧哗，这时村口的主要路段还会有村民轮流站岗，提醒过往车辆禁止鸣笛，行人禁止喧哗；村子里所有的会议都有牧

　　①　Brother Fred Henry，*History of Samoa*，Commercial Printers Limited，1979，p. 213.

师参加；各机关单位、学校的一切集体活动在开始前人们要唱诗、祈祷；学校都设有专门的圣经学习课程，音乐课的学习内容主要以圣经歌曲为主。星期日是盛大的教堂聚会日，这一天，所有商店歇业，出租车、公车交停运，所有海域禁止游泳，游客进入村子需要保持安静，有的村子甚至禁止游客进入。

可见，几乎所有的萨摩亚人除了从属于自己的延伸家庭和村子外，还从属于其所在的教堂。可以说，萨摩亚人从一出生起，宗教就伴其左右，宗教对于他们是与生俱来的，他们丝毫不去怀疑，更不敢去试探。由此可以看出，在萨摩亚，还存在着一种相当重要的隐性权力机制——宗教信仰。牧师对于人们精神世界的影响丝毫不亚于 Matai。

二　基层权力的运行——MATAI 与 MATAI 阶层

据 2011 年的人口普查，在萨摩亚 187820 的人口中，拥有 Matai 头衔的有 16787 人，约占全国总人口的 9%，其中男性占 89%，女性占 11%，年龄最小者为 15 岁。[①] 通常来讲，Matai 分为两种，分别是 High Chief 和 Talking Chief（总 Matai 和 Matai 发言人）。在一个村子里，一般只有一个 High Chief 和若干 Talking Chief，大一些的村子里可能会有两个 High Chief。也有学者认为，High Chief 和 Talking Chief 是搭档关系，一个 High Chief 配有一个 Talking Chief。Talking Chief 的主要职责就是发言，他们一般受过专门训练，历史知识丰富并具备与其他村子的 Matai 打交道的能力，在为村民服务的过程中逐渐受到认可和尊重。另外，延伸家庭有时候会有预备 Matai（或称次 Matai、Lesser Chief），他们通常不能参加 Matai 会议，这个角色就像我国古代的太子一样，他们需等到 Matai 去世才可以行使权力。[②]

究竟 High Chief 和 Talking Chief 有无地位上的差别，萨摩亚本国民众也说法不一。2016 年 9 月 30 日，笔者参观了萨摩亚国家旅游局后院的民俗文化村，这里有专为游客了解萨摩亚风土人情而举办的民俗表演。主持人 Cris 的观点是这两种 Matai 只是分工不同，没有地位差别。2016 年 10 月 2 日，笔者询问援教中学 Lefaga College 的同事 Masoe，回答是 High Chief 比 Talking

---

① Samoa Bureau of Statistics, *Population and Housing Census 2011 Tabulation Report*, 2011, p. 50.
② Lowell D. Holmes and Ellen Rhoads Holmes, *Somoan Village: Then and Now*, Harcourt Brace Jovanovich College Publisher, p. 29.

Chief 的地位要高。关于土地决定权的归属问题，Cris 的回答是通过表决，少数服从多数；而 Masoe 认为决定权在 High Chief 手中，但一般来讲，大家在会上经多次商讨已经基本达成共识，即便 High Chief 行使决定权也不会引起过多异议。随着笔者与萨摩亚人接触得越来越多，对 Matai 的名称和级别也日渐熟悉。其实，Matai 在村子里是有级别的，开会的座位也是按级别固定下来的。在有关萨摩亚民俗的书中曾描述过在村民大会上分食烤全猪的规定，一头猪的各个部位划分得很细，哪一部位分给哪一个头衔的人也有规定，例如猪头分给负责烤制的年轻人，脖子和前腿分给 Talking Chief，猪的背部从前往后分成三部分，最前面的要分给二级 Matai，中间的分给一级 Matai，后臀部分则分给更低一级的 Matai，猪肚子部分分给家族里的 Matai，等等。① 随着时间的推移，现在的年轻人对于这种传统管理模式了解较少，另外，也有一些村子将这种传统行政管理进行了简化，但人们对于 Matai 的尊重和其权威的高度认可并没有改变。

Matai 讲究血统，采用世袭制，他们往往被赋予神话和传奇色彩，被视为上帝的后代。每个家族的 Matai 都有一个头衔，单从头衔就可以知晓此 Matai 及其所属家庭在历史上和社会上的地位。许多时候，头衔就是对这个人的称谓。比如现任总理的称呼图伊拉埃帕并非总理的名或姓，而是他的 Matai 头衔。随着现代文明的不断渗透，Matai 已经不像过去那么高高在上了，但依然在家庭和村子里起着关键作用，村里的土地分配权依然掌握在 Matai 手中。因此在萨摩亚历史上，围绕 Matai 的继承而爆发的冲突时有发生。尤其是当一个 Matai 死亡或者被谋杀后，这样的矛盾则更为突出。避免矛盾常用的方法就是联姻，Matai 的子女或者亲属，一般从一出生就定下了婚姻关系。② 这一点颇像中国古代的政治联姻。

新 Matai 的产生需经村民委员会通过及 High Chief 的认可。一般先由延伸家庭向 High Chief 和村民委员会提名，然后村里召开会议，最后由 High Chief 决定其是否入选。这样的一个过程往往需要耗费数周时间，并召开若干次会议。凡年满十六周岁的村民不论男女都可以参加选举。新 Matai 一旦产生，就会被敬以 Kava 酒，而且这杯酒是这次 Kava 酒制作中的第一杯，之

---

① Terangi Hiroa, *Samoa Material Culture*, Bernice P. Bishop Museum Bulletin, 1975, p. 121.

② Malama Meleisea, *The Making of Modern Samoa*, Institute of Public Study of the University of the South Pacific, 1987, p. 22.

后家人和宾客才可以品尝。① 此后，新 Matai 所属的家庭还要向村民委员会赠送礼物以期正式就任。于是接下来，村民委员会还要挑选一个日子召开会议，只有新当选的 Matai 参加了此次会议，喝上一杯 Kava 酒并发表讲话，他的 Matai 身份才被正式认可。

　　Matai 阶层是萨摩亚基层权力运行的主体，Matai 及由若干 Matai 组成的村民委员会不仅掌控着延伸家庭和村子里的大小事务，还操控着村民们的宗教信仰。在家庭里，Matai 每天带领家人进行餐前饭后的祈祷。在村子里，Matai 对于村民们的宗教信仰也有着严格的控制。如果一个家庭放弃了原有的信仰而改信其他宗教，尤其是放弃了排在前三位的伦敦公理会、罗马天主教和摩门教时，这个家庭就要被逐出村子。② 由此引发的法律纠纷并不鲜见。尽管这违背了宪法规定的公民信仰自由的原则，但国家法院的裁决往往是尊重村子里 Matai 的决定，或者令其重新商讨裁定，被逐出者的权利则往往被忽视。这也充分说明了国家权力对基层权力的保护和让步以及双方的协调共生。

三　国家权力与基层 MATAI 之间的冲突与调适及其原因分析

　　2016 年 11 月，萨摩亚最高法院刚刚宣判了一起 19 年前的强奸案。现年 47 岁的叔叔 Tuiatua Saua Sione 于 1997 年 8 月 31 日到 10 月 1 日期间强奸了自己的侄女并导致其怀孕。当时多数家人为了维护家庭声誉而不想声张，但经过激烈的争议，最终还是选择了报警。法院于去年判处被告有期徒刑 9 年，而这迟来的判决反倒引起了家人的抗议和申辩，尤其是强奸犯的妻子在法庭上表示不同意法院的判决，因为村长（同时也是国会议员兼主教）提供证据说，当时村子里已经做出了赔款 500 塔拉和两头牛的处罚。另外，受害者的父亲即强奸犯的哥哥也在法庭上辩称当时家族内部已经解决了。审判法官强调村长并没有处理此类事件的权力。③

---

① Kava 酒是南太平洋西部诸岛国招待贵宾的专用饮品，如汤加、萨摩亚、斐济等国。Kava 一名来自汤加语和马克萨斯语，本身是一种胡椒灌木。Kava 酒是用晒干的 Kava 根茎制作的，虽然大量饮用后会出现精神亢奋等神经性反应，但其制作并没有经过发酵等复杂过程，是不含酒精的。之所以称之为酒，只是因为几百年来，它是南太平洋西部诸岛国用来敬赠 Matai 和招待贵宾的必选饮品。
② United States Department of State, *International Religious Freedom Report 2012*：*Samoa*，2012，p. 2.
③ Pai Mulitaloa Ale, *Uncle Jailed from Raping Niece*，Samoa Observer，2016. 11. 11.

　　上述案子体现了传统 Matai 管理和国家法律之间的冲突。在萨摩亚，犯罪的严重程度是决定是否动用国家权力机关的一个标准，一般的案件由 Matai 自行处理，而 Matai 的决定就代表了权力和法律。在该案件中，对审判结果的漫长等待意味着萨摩亚从族规族制走向法律诉讼的艰难过程，家人的申辩则表明了这个国家的普通民众对于传统 Matai 体制的信任和固守。基督教传入萨摩亚已有一百多年，平等与博爱的思想早已渗透进萨摩亚社会，为什么民众在笃信宗教意义上的平等的同时还把象征着权力和地位的 Matai 奉为圭臬呢？换句说话，在国家权力之下，Matai 管理为什么还可以畅行无阻呢？简单来说，原因在于传统 Matai 管理和国家权力之间的相辅相成和自我调适，具体有以下五个方面。

　　第一，国家权力机关看重 Matai 身份。由于长期的殖民统治，萨摩亚对于西方政治体制并不陌生，其在保留本国传统政治基础和观念的前提下，也在某种程度上选择性地接纳并且实行了西方的议会制。萨摩亚议会实行一院制，主要有人权保护党和服务萨摩亚两个政党，下设 16 个委员会，共有议席 49 个。而在基层社会组织如延伸家庭和村子里，依然是 Matai 掌控一切，大到土地分配，小到一日三餐的各项安排，人们对此已习以为常。当村民犯下错，他们也想当然地接受 Matai 的处罚。但当犯罪行为过于严重时，就需要国家法律来进行干预和裁定，然而这种裁定往往不被接受和认可。换句话说，当西方民主与传统族规发生冲突时，人们会自然地遵从 Matai 的裁决。随着社会的不断进步和岛民文化水平的提高，新任 Matai 的自身素质和教育背景也越来越受到重视，他们更容易在基层管理和国家权力之间起到协调和平衡作用。

　　第二，被殖民的历史同样也是接受基督教的历史，萨摩亚人对上帝的敬虔使披上了富有宗教色彩的外衣的 Matai 更为受到民众的尊崇。从基督教在萨摩亚的传播历史可以看出，自 1830 年英国传教士约翰·威廉一行的到来开始，宗教就与政治紧密地联系在一起。约翰·威廉一行一经到达就拜见了当时萨摩亚的最高首领 Malietoa，并受到他的高度认可。Malietoa 承诺给他们提供较大较好的房子，并允许他们在学校和教会服务。不久，Malietoa 带领全家信奉了基督教。自此，伦敦教会在萨摩亚得到官方认可和支持。虽然萨摩亚没有官方规定的国教，但基督教在萨摩亚逐渐拥有了类似国教的影响力。而 Matai 和牧师相互配合，共同掌控着人们的精神生活，这于无形中更加稳固了 Matai 在民众中的地位。加之人们对上帝的信奉和依赖使他们大多个性包容且乐于分享，因此在这个国家争吵并不多见，诉讼案件也很少，即使有争议，人们也不会任其升级，而是通过沟通和 Matai 处理的方式来解决，很少有案件会被送至法院。

第三，良好的地理环境和热带雨林气候给萨摩亚人提供了足以解决温饱的食物，多数人过着"今朝有酒今朝醉"的日子，没有"野心"也就意味着没有改变。众所周知，萨摩亚刚刚摘掉了最不发达国家的帽子，人们的生活水平还处在较为贫困的阶段，但在这个国家至少没有忍饥挨冻之说。背靠一望无际的大海，人们结网捕鱼，高产的芋头和面包果以及大量的香蕉、木瓜和芒果，都可以让人"坐享其成"，人们不太会有积攒财物以及致富的"野心"。

第四，国际援助更加剧了萨摩亚人的依赖心理和对传统的固守。近年来，中国、日本、澳大利亚、新西兰、韩国等国并一些国际组织均对萨摩亚提供了援助。据萨摩亚国家统计局发布的数据，2015～2016 财年萨摩亚政府接受的外国政府无偿援助约占其财政收入的 7.6%、GDP 的 2.2%。① 而据萨摩亚财政部发布的 2016～2017 财年财政预算报告，该财年萨摩亚预计接受的国际无偿援助资金约占其预算总收入的 30%。② 越来越多的国际援助的确给萨摩亚人的生活带去了积极的变化，但这也使其对援助的心理依赖愈发强烈，助长了慵懒懈怠。大量的国际援助让萨摩亚人缺失了自我创业、励志图强的奋斗精神和生活态度，不思变，不图变，不擅变，相应地，对于传统的依赖就会固化。

第五，交通的不便使人们更愿意通过协商和 Matai 来解决纠纷。尽管萨摩亚很小，但民众分散在不同的岛上，彼此往来并不方便，即便在首都所在的乌波卢岛上，出行也是很不方便的。虽然萨摩亚已开通了去往每个村子的公交路线，而且公交司机对乘客也十分熟悉，能够非常准确地把每一位乘客送到家门口；但是公交车的运营时间有限，周一至周五过了中午一般就没有开往首都的车了，周六车更少，周天甚至停运。另外，尽管大多数家庭都有一部汽车，但延伸家庭人口太多，燃油费又贵，加之萨摩亚的路面粗糙且起伏不平使得轮胎、零部件磨损，无形中增加了行车费用，道路狭窄和急转弯较多又使行车速度有严格的限制（首都城区限速 25km/h，乡村限速是 40km/h），

---

① 中华人民共和国商务部网站：http://www.mofcom.gov.cn/article/i/jyjl/l/201610/20161001426639.shtml

② 中华人民共和国商务部网站：http://www.mofcom.gov.cn/article/i/jyjl/l/201611/20161101759933.shtml

人们很少愿意自驾出行。此外，萨摩亚的行政区划是村、区和国家，但区级没有国家行政单位，部级单位直接面对基层民众，例如老师直接接受教育体育文化部管理，诉讼案件直接由国家法院来处理。这就意味着，纠纷若需要通过法律途径来解决，当事人得往返首都多次，金钱和时间成本都太高。因此，人们更愿意通过最直接的村民委员会和 Matai 来解决纠纷。

结　语

综上所述，Matai 和 Matai 阶层是萨摩亚行之有效的基层权力主体，他们管理并维持整个家庭和社会的运转，靠着千余年来的祖宗宗法和累积经验治理一方。国家权力机关是法律赋予的最高权力机关，也是富有西方特色的国家机关，它与基层 Matai 阶层形成默契的上下级关系。宗教是游走于这两层权力主体之间的一个特殊要素，它对于民众精神世界的驾驭于无形中有力地辅佐了权力运行，在某种程度上维护了社会秩序，强化了基层权力组织。三者的有机结合形成了萨摩亚独特的政治文化。

当然，受现代文明的不断影响，有人表达了对 Matai 管理的不满，质疑村民大会的公正性；有人在宗教信仰、Matai 的选举和土地分配上，渴望更加开放民主的方式；也有人因不服村民委员会的裁决而诉诸国家法院，希望通过法律来保护个体权利。尽管如此，大多数萨摩亚人还是信任并维护Matai 的管理体制，因为传统的 Matai 管理有其合理性，它与国家权力主体协调共生，共同维护国家的长治久安。

Toward the Modern Time in Collision and Adjustment
—the Conflict between Chieftaincy Institution and Democracy System and Their Fusion in Samoa

SHI Yingli

Abstract：An obvious characteristic of the South Pacific Island countries' political system is the chieftaincy institution which is the most elementary running system in an extended family, a village and a society. It not only sustains the operation of the whole nation, but also saves the cost of dealing with the disputes between the citizens. The chieftaincy institution in Samoa is quite typical of this among the countries. However, due to the fact that Samoa used to be a colony of German, British and New Zealand, the chieftaincy institution is operated at the local government level, while democracy is operated at the national level. The two systems have always been getting along well. Moreover, religions act as a special factor that mediates between the two given its influence on people's spiritual life. The three factors working together becomes an outstanding feature of politics and culture in Samoa.

Keywords: Samoa; Chieftaincy Institution; Democracy; Religion

会议
综述

Research on
Pacific Island
Countries

第二届太平洋岛国研究高层论坛综述

王　华　贾永梅[*]

2016年9月27日，由聊城大学太平洋岛国研究中心主办的第二届太平洋岛国研究高层论坛在北京召开。本届论坛的主题为"21世纪海上丝绸之路视域下的太平洋岛国研究"。来自北京大学、中国人民大学、山东大学、中国社会科学院、国务院发展研究中心等高校和科研机构的太平洋岛国研究领域知名学者，教育部国际合作与交流司、太平洋岛国投资与贸易专员署的官员和《人民日报》《光明日报》《中国社会科学报》等媒体记者近70人参加了论坛。

会议开幕式由聊城大学党委常委、副校长胡海泉主持，聊城大学党委副书记王强致欢迎辞。王强表示，本次论坛群贤毕至，这是一个学术探讨与交流的良好平台，为进一步推动研究工作提供了宝贵机遇。随后，中共中央对外联络部原副部长、全国政协外事委员会委员、聊城大学太平洋岛国研究中心名誉主任于洪君，北京大学世界史研究院院长钱乘旦，中国社会科学院世界宗教研究所党委书记赵文洪，社会科学文献出版社副总编辑蔡继辉分别致辞。

开幕式结束后进行的论坛由聊城大学特聘教授、太平洋岛国研究中心首席专家王玮主持。中国–太平洋岛国论坛对话会特使、外交部外交政策咨询委员会委员、中华人民共和国外交史学会会长杜起文，华东师范大学教授汪诗明，山东大学教授刘昌明分别做主旨报告。

参会学者围绕"'21世纪海上丝绸之路'与太平洋岛国"和"太平洋岛国本体史及对外关系"两个议题展开交流与讨论，分述如下。

---

* 王华，中国青年政治学院副教授，聊城大学太平洋岛国研究中心特约研究员；贾永梅，聊城大学历史文化与旅游学院副教授，太平洋岛国研究中心研究人员。

议题一　"21 世纪海上丝绸之路"与太平洋岛国

"'21 世纪海上丝绸之路'与太平洋岛国"这一议题分两阶段进行讨论。第一阶段由中国人民大学教授庞中英主持，聊城大学太平洋岛国研究中心曲升教授和中国社会科学院徐秀军副研究员担任评议人；第二阶段由汪诗明教授主持，中山大学于镭研究员和聊城大学李增洪教授担任评议人。两个阶段中，共有来自 9 所高等学校和科研院所的 11 位学者进行了主题发言。

在第一阶段，首先发言的是中山大学于镭研究员。他结合自己多年在澳大利亚的学习经历和感悟，围绕"构筑'海丝南线'，中国做好准备了吗"等问题，探讨了在构建"海上丝绸之路"的大背景下，中国与太平洋岛国发展合作面临的机遇和挑战。华中师大博士生鲁鹏认为，"一带一路"倡议为中国与太平洋岛国进行合作提供了新的动力，但双方合作面临着地区间国家博弈，特别是大国之间协调等方面的挑战，对此应建立中国与南太地区领导人会议机制。山东大学博士生张程锦则具体探讨了"一带一路"倡议背景下中国与太平洋岛国的农业、渔业、林业合作，认为这些领域应采取三方合作的模式，以减少来自域外大国和地区大国的阻力，并且注重保护太平洋岛国的生态环境，以调动岛国与中国共建"21 世纪海上丝绸之路"的积极性。聊城大学太平洋岛国研究中心梁甲瑞博士探讨了"海上丝绸之路"倡议背景下，中国在太平洋岛国建立海上战略安全通道的问题。他认为，莫尔兹比港、阿皮亚港、苏瓦港可以成为中国推进 21 世纪海上丝绸之路的战略支点港口；但建立该通道将面临三大困境，即岛国国内政局不稳、相邻国家对于海上重叠区的争夺以及非传统安全的威胁。对此，梁甲瑞提出可能实现的四个突破点。除了以上专业问题的探讨，来自北京外国语大学的李建军博士分享了北外建设南太非通用语种的思路和进展。可以预见，这将为太平洋岛国研究提供重要的语言人才支持。发言结束后，参会人员与发言人就相关问题进行了对话，庞中英教授、曲升教授、徐秀军教授就"怎么样把握太平洋岛国研究"进行了卓有启发的探讨和交流。

在第二阶段，聊城大学太平洋岛国研究中心教授曲升探讨了南太平洋区域海洋机制的缘起、发展及意义。他认为，区域海洋机制的形成和发展，是南太平洋区域一体化进程的重要组成部分和重大成就之一。这一机制形成的最初动力来自南太平洋地区独立、自治岛国政府和人民共同的政治关切和环境关切，并经历了 20 世纪 70 年代中期至 80 年代初期形制初具、80 年代组织框架和公约框架基本形成、90 年代纵深发展、新世纪发展较为成熟共四个发展阶段。曲升指出，南太平洋区域海洋机制的形成和发展具有共同的环境和政治关切驱动、机制涵括区域的地理空间和政治空间不断扩大等特点，这对于岛国区域一体化、国际地位提升以及实践和发展《联合国海洋法公约》具有重要启发意义。聊城大学太平洋岛国研究中心李秀蛟博士利用自己的俄语优势，分析了近年来俄罗斯"重返南太"的一系列活动，弥补了与会者大多不懂俄语所造成的对俄罗斯战略的认识欠缺。聊城大学赵少峰副教授则以三份岛国报纸为中心，展示了中国在太平洋岛国媒体上的形象，并就如何进一步提升中国形象提出了四点建议。

在各大国的南太战略中，援助外交始终是重点，也是学术研究的重要领域。来自中国社会科学院的田光强博士回顾了近 10 年来中国对 8 个太平洋岛国的援助概况，分析了中国提供这些援助的战略动力，并提出进一步推进援助的四项政策建议。华东师范大学的姜芸博士生对澳大利亚援助太平洋岛国的战略和机制进行了宏观探讨。聊城大学韩玉平副教授则以丰富的数据和图表为依据，就澳大利亚对瓦努阿图的援助进行了深入的个案研究。各位代表发言后，评议人进行了简洁中肯的点评和总结，进行了真诚和有效的交流，切实推进了与会者对相关问题的认识。

议题二　太平洋岛国本体史及对外关系

该议题分别由王在邦教授、梁占军教授负责两个阶段的主持，刘昌明教授、吕桂霞教授、王华副教授分别对交流论文进行了认真的点评。王玮教授、汪诗明教授、陈德正教授等几位资深专家在评议环节的精彩评论和建议，开拓了与会者的研究视野，深化了其对相关问题的认识。

"岛国本体史"主张将太平洋岛国作为一个本体化的独立研究对象，开展对其历史的研究，突破了传统的"帝国史学"或"殖民史学"模式。岛国对外关系研究注重太平洋岛国在大国对外关系框架中的地位和意义，点明了太平洋岛国研究的现实意义所在。本组的研讨交流具体呈现并实现了上述主题定位，集中表现为三个方面。

第一，对太平洋岛国具体问题的研究呈现出本体化倾向的自觉，且涉及领域广泛，基本涵盖了政治、经济、社会、文化等各个主要方面。岛国政治研究方面，聊城大学太平洋岛国研究中心刘丽坤博士的《马绍尔群岛的治理：酋长的角色与影响》以酋长作为透视点，对马绍尔群岛三个历史时期的政治治理体系演变进行了个案研究。耿庆军老师的《南太平洋岛国政治体制变迁与独立运动》一文，则关注到了南太岛国在地域、历史和文化上的类同性和整体性，从政治体制的历史演变着手，探究其非殖民地化过程中的差异化走向。两篇文章虽视角有别，却立意相似，体现出了历史研究所应有的系统化思维。王敬媛副教授的《汤加王权溯源及其演变》和陈明燕、官士刚老师的《斐济政治现代化进程探析》亦均属个案研究，在特点上与前述两位老师的文章相一致。文化方面，刘建峰老师的《太平洋岛国土著居民文化的多样性特征研究》，注意到了岛国文化的异质性、多样性和因交流而产生的共性，并能从生存方式和社会关系两个方面挖掘其内在的原因，展现出了学术研究的基础问题意识和初步的探究能力。经济方面，硕士研究生叶枫同学的《太平洋岛国农林复合型经济：功能与功利多样性》是一篇编译文，其在国家创新和可持续发展战略目标框架下审视岛国农林经济发展问题的学术探索意识值得肯定。

　　第二，对太平洋岛国外交关系的研究，表现出强烈的现实关怀，或潜在或显在地以中国对太平洋岛国外交的拓展作为思考问题的出发点。吕桂霞教授的《"和平队"与美国在斐济的软实力及其对中国的启示》一文关注美国"和平队"通过在斐济的文化教育、医疗卫生、农村发展和环境保护等方面的成功活动，改善了美国人在斐济的形象，增强了美国在斐济的软实力，为中国如何在太平洋岛国开展"公共外交"和软实力建设提供了经验借鉴。其所提出的几点启示尤具有现实参考意义。李德芳博士的《日本对帕劳的政府开发援助及其动因评析》则用翔实的数据、严整的逻辑，论述了日本如何通过政府开发援助有效促进帕劳现代化经济社会发展，从而有效提升了日本在帕劳的国家软实力，为我们提供了另一个有益的借鉴。两位发言人在相关问题研究上的现实关切自觉，最好地体现了中心"以学术立其基、以现实彰其意"的发展定位。丛振博士的《从援助到共赢：中国与南太平洋岛国体育交流探析》一文，更是从中国体育外交的现实出发，就中国对南太岛国的体育援助进行了整体性考察，指出了其单向性特征所导致的问题和双向性交流趋势的出现可能带来的良好前景，并据此提出了自己的三条建议。其对当代外交走向双向交流化的趋势的把握有重要的启示意义，并且也在岛国本体化方面与岛国历史研究形成了一定的呼应。

第三，对学术史的关注将有利于太平洋研究，特别是太平洋历史研究方向、方法等的进一步的明晰化。学术史的梳理和研究通常是开展特定问题研究，尤其是领域研究的前提基础，其对相关研究范围、方向、理论方法的定位作用是不言而喻的。王作成副教授的《试析"太平洋岛屿史之父"J. W. 戴维森的史学思想》不是单纯对一个史学家的个人化研究，而是从太平洋岛屿史学总体发展的角度，基于戴维森的太平洋史研究，重点发掘其开拓性和引领性作用。王作成指出，戴氏所提出的"本体化"转向，对考古学、口述史料、人类学等新材料的大量使用，迄今仍然对太平洋史研究有指导意义。中国青年政治学院王华副教授的《太平洋史：研究的发展与转向》则从太平洋史的整体视角，对太平洋历史研究的学术发展历程进行了梳理，界定了太平洋史的学术概念范畴、三个主要的发展阶段，以及造成阶段性转向的形势、理论和范式动因，并对现阶段太平洋史研究的基本趋势进行了总结。

本次论坛的特点和意义

在论坛的总结阶段，与会专家对本届论坛的特点和意义表达了看法。与会学者认为，本次研讨较为清晰地表明，受多方因素影响，太平洋岛国的地区形势正在发生历史性的深刻变化，具体表现为：谋求自主发展和联合自强的趋势不断增强；国际社会对岛国地区的重视程度上升；岛国地区传统力量格局发生变化；中国同岛国关系以及岛国地区发展日益受到关注；岛国积极响应"一带一路"倡议。这些认识对于我国推进"一带一路"倡议的实施，特别是该倡议与南太平洋地区国家发展战略的对接，具有重要的智力支持作用。

中国青年政治学院副教授王华认为，相较于2014年第一次高层论坛，本次论坛学术质量提升明显，出现了一些让人欣喜的变化。首先，本次论坛的学术氛围更加浓厚，议题更加集中且意义显著，论文成果的学术性有所加强。就太平洋岛国历史的研究而言，本次论文成果类型更丰富，论题更集中，更注重扎实的基础性研究工作。对学术史研究关注的出现，以及历史研究与现实研究有机衔接趋势的明显化，有利于促进岛国研究学术定位的准确化，助推中心的特色化发展。他强调，对太平洋岛国研究而言，历史研究（基础研究）是应用研究的根基，两者不可偏废；由历史到应用易，而缺乏深厚的历史研究，基础应用研究也就缺乏支撑。就国内太平洋岛国研究现状而言，历史研究还相对空白，值得作为特色发展。其次，聊城大学通过太平洋岛国研究中心这个平台，已经初步培育出了一支太平洋史的研究团队，研究生队伍的加入更让人惊喜，因为这是一个研究领域发展繁荣的希望所在。团队的建成、研究方向的明确和基础的筑定，是一个研究领域起步的标志。在这个意义上，可以这样认为，以这次高层论坛为起点，中国太平洋岛国研究的新阶段已经开启。

与会专家还就太平洋岛国研究中心的未来发展建言献策。他们指出，中心的研究工作仍处于起步阶段，许多方面需要继续发展和提升，比如：在问题探究的专题化、专业度方面需要进一步发展完善；本次论坛的一些论文在研究深度、规范化和材料的充实化等方面还存在不足，汪诗明教授所说的"开展深入而扎实的基础性研究"势在必行；需要进一步处理好历史与现实、学术与政治的关系，在学术研究的"现实关怀"方面，还有必要进一步深化认识，统一思想；岛国研究需要更多第一手的资料，实地开展较长时期的田野调查，是有效提升研究效果和质量所必需的途径；在规划和支持方面，研究中心需要更系统和科学地谋划，并争取得到学校和有关方面更多的支持。

闭幕式上，中国人民大学教授、博士生导师庞中英盛赞此次论坛是一次高水准、高效率的学术盛会。他对论坛主办方表示感谢，对深化太平洋岛国研究、提升中心影响力提出了建议。聊城大学副校长胡海泉在闭幕词中表达了对与会人员的感谢，认为与会专家从不同角度和背景论述了21世纪海上丝绸之路视域下的太平洋岛国研究，相互启发，畅所欲言，达到了交流思想、推动学术、服务现实的目的。他希望与会人员能够提出宝贵建议，以促进聊城大学太平洋岛国研究中心更上层楼。

书评
书讯

Research on
Pacific Island
Countries

《一带一路名城志》书评

揭开"一带一路"沿线国家著名城市的神秘面纱

宋立杰*

为响应国家"一带一路"倡议，民政部组织力量精心编撰了"一带一路"地名文化系列丛书。丛书的开篇之作《一带一路列国志》，已由人民出版社于 2015 年 8 月出版。丛书的后续之作《一带一路名城志》，是《一带一路列国志》的姊妹篇，也由人民出版社于 2016 年 9 月出版。该书由王胜三、陈德正担任主编，民政部地名研究所的工作人员和聊城大学太平洋岛国研究中心的学者参与编撰。该书共分 5 卷，以 120 万字的篇幅对"一带一路"沿线 81 个国家、268 个著名城市的基本情况进行了系统介绍。《一带一路名城志》的问世，对于普及"一带一路"沿线国家著名城市的相关知识，对于促进社会对"一带一路"倡议的认知，都具有重要的积极意义。

《一带一路名城志》具有如下特点。

第一，体例独特，结构完整。该书沿袭了《一带一路列国志》的独特编写体例，以陆上丝绸之路北、中、南三线与 21 世纪海上丝绸之路西、南两线等五条路线为纲，将全书分为五大部分，所涉城市分属丝绸之路经济带北线国家、丝绸之路经济带中线国家、丝绸之路经济带南线国家、21 世纪海上丝绸之路西线国家和 21 世纪海上丝绸之路南线国家。在具体介绍每个城市时，首先以地名学研究为切入点，说明该城市的由来及其演变过程；然后从区位、历史、地理、经济、文化和旅游等 6 个方面进行全方位的展现。

* 宋立杰，聊城大学太平洋岛国研究中心研究人员。

从整体上看，该书结构完整、脉络清晰、逻辑合理，符合读者的阅读习惯。

第二，对太平洋岛国的著名城市进行了系统介绍，开国内研究之先河。太平洋岛国地狭人稀，长期远离国际热点，一度成为"太平洋最偏僻的地区"。不过，这一地区连接太平洋与印度洋，扼守东西、南北两大国际战略通道，具有很高的战略价值。然而，国内民众对这一区域普遍比较陌生，同类书籍对太平洋岛国及其著名城市的介绍均语焉不详。系统地介绍太平洋岛国的著名城市，是该书的最大亮点。本书的第5卷介绍21世纪海上丝绸之路南线国家和地区的著名城市，共涉及菲律宾、斐济、新喀里多尼亚、巴布亚新几内亚、帕劳、法属波利尼西亚、库克群岛、汤加、所罗门群岛、瓦努阿图、萨摩亚、瑙鲁、基里巴斯、马绍尔群岛、图瓦卢、密克罗尼西亚联邦、纽埃等17个国家和地区。其中除菲律宾为东盟成员国外，其他16个国家和地区均由太平洋上的岛屿组成。通过阅读本书，相信读者对太平洋岛国的著名城市会有更为清晰深刻的认识。

第三，学术性与实用性兼具。《一带一路名城志》注重历史性与现实性的交汇，融学术性与实用性于一体，可满足不同层次读者群体的阅读需求。该书对每个城市的地名由来、地名演变过程和发展历史均进行了系统的叙述，可引导读者通过梳理各个城市的历史发展脉络加深对其现实的认识。在该书的编写过程中，编者们参考了大量的学术著作、学术论文、政策文件、统计数据等文献资料，力求内容准确、数据精准。对研究者而言，该书为其进一步深入研究提供了坚实的基础。该书对各个城市的区位、地理、经济、文化等方面的相关介绍，对投资者具有重要的指导作用。该书从食、住、行、游、购、娱等方面，对各个城市的旅游特色进行了细致的总结，可作为游客重要的行动指南。

阅读《一带一路名城志》，那蒙掩于各个城市之上的神秘面纱，将会依次被轻轻地揭开。

新版《列国志》太平洋岛国诸卷书讯

新版列国志《斐济》书讯

赵少峰*

斐济位于西南太平洋，由 322 个岛屿组成，具有"多岛之国""彩色大海""鱼儿天堂"的美称。因国际日期变更线穿越该国，它又被称作"子午线上的岛国""迎接新的一天的大门"。目前斐济已经成为南太平洋最热门的度假胜地、全球十大蜜月旅游目的地之一。然而，由于历史与现实原因，我国学界对斐济及其他太平洋岛国的关注明显不足。2013 年，随着我国"一带一路"倡议的提出，南太地区开始受到更多关注，社会科学文献出版社也启动新版列国志编撰工作，新版列国志《斐济》即在此时被列入这一"十二五"国家重点图书出版规划项目。2015 年 7 月，新版列国志《斐济》由社会科学文献出版社正式出版发行。

该书向读者全面展示了斐济的基本国情及其自然与人文特色，详细论述了斐济的历史、文化、政治、经济、社会、外交和军事，为读者全方位地认识与了解斐济提供了一个全景式文本。

本书共分八部分。其中，第一部分"概览"主要概述了斐济的国土与人口、宗教民俗和特色资源，指出斐济作为南太平洋的十字路口，是基督教、印度教和伊斯兰教等多种宗教共存，民俗独特，多元文化特色显著的国家，该国资源丰富，战略地位十分重要。

第二部分"历史"着重阐述了斐济的历史进程，指出早在 3000 年以前

---

* 赵少峰，博士，聊城大学历史文化与旅游学院副教授，太平洋岛国研究中心研究员。

斐济人就已生活在这里，且保持着独特的社会制度与风俗习惯，但随着西方殖民者的入侵，他们的生活发生了巨大的变化，并最终于1874年沦为英国直辖殖民地，直到1970年10月10日才正式宣告独立，且成为英联邦的一个成员国。

第三部分"政治"主要讲述了斐济议会制的建立与完善，介绍了酋长制度、政党与重要社团组织，指出斐济的政治体制虽然几经变革，但"大酋长委员会"时至今日仍然极大地影响着斐济的政治生活，传统与现代的调适仍然是斐济政治的重要任务。

第四部分"经济"介绍了斐济的经济状况，包括农业、工业、畜牧业、渔业、旅游业、交通与邮政通信、对外经济关系等。

第五部分"军事"在介绍斐济军队组织、军费开支、特色军装及其在国外的军事行动的基础上，重点剖析了斐济四次军事政变，指出为了发展种植园经济，英国殖民者从印度大量引进劳工，斐济族人的优越地位使印度裔人大为不满，他们凭借雄厚的经济实力逐步获取政治优势，使二者之间的矛盾不断激化，最终引发了1987年的两次军事政变，以及2000年与2006年的军事政变。

第六部分"社会"则在深刻分析斐济社会结构与社会关系的基础上，详细论述了斐济的城市与乡村生活、饮食习俗、居住特点、医疗卫生、环境保护等，指出"慢生活""慢节奏"是斐济最突出的特点，环境保护则因其攸关斐济的存亡，深受斐济政府重视。

第七部分"文化"系统梳理了斐济的教育历史、教育管理体制、教育目标与政策，着重介绍了斐济的文学艺术、音乐舞蹈、部落文化、新闻出版以及体育概况。

第八部分"外交"在梳理斐济外交简史的基础上，对斐济与澳大利亚、新西兰、美国、日本、欧盟、中国以及其他太平洋岛国还有重要国际组织的外交关系进行深刻剖析。

在书的结尾，作者附加了斐济的大事年表，以方便读者能够快速了解斐济的历史。

2015年3月，斐济驻华大使馆、聊城大学太平洋岛国研究中心与社科文献出版社联合为该书在北京召开新书发布会，与会专家学者给予高度评价。社会科学文献出版社谢寿光社长指出，《斐济》是新版列国志太平洋岛国诸卷中最先出版的一卷，同时也是目前国内第一本系统介绍斐济国情的著作，填补了这一研究领域的空白；斐济驻华大使约阿尼·奈法卢拉在致辞中大赞《斐济》一书为"best book"，认为此书象征着两国间深厚的友谊，将成为"外交官必读书"；社科院科研局副局长张国春认为《斐济》及其他太平洋岛国各卷的出版"具有开创性意义"；社科院世界史所党委书记赵文洪认为，该丛书是社科文献出版社与聊城大学太平洋岛国研究中心"强""奇"联合诞下的"优秀产儿"。

新版列国志《萨摩亚》书讯

徐美莉[*]

在浩瀚的南太平洋，萨摩亚不仅以其气象万千的海洋风光吸引着游客，而且因它在国际交通线上重要的地位引人注目。萨摩亚由大约形成于 700 万年以前的群岛组成，它距离苏瓦约 1200 公里，距奥克兰 2890 公里，离悉尼 4400 公里，距洛杉矶 8400 公里，向东北方向行 4000 多公里可抵夏威夷。因此，萨摩亚被称为"太平洋的中途客栈"。萨摩亚按地理位置分为东西两大岛群，分别简称为"东萨摩亚"和"西萨摩亚"。东萨摩亚是美国的海外属地，即美属萨摩亚。西萨摩亚于 1962 年宣布独立，成立西萨摩亚独立国，从而成为南太地区第一个独立的国家。1997 年经议会批准，西萨摩亚独立国更名为萨摩亚独立国，简称萨摩亚。本书主要介绍西萨摩亚，也就是通常所指的萨摩亚，兼及东萨摩亚概况。

萨摩亚是一个民族传统与现代体制融合的社会：一方面个体价值被普遍忽视，另一方面人们又非常自由，因为选择是多种多样的；一方面有着悠久的民主协商传统，家族首领和村社酋长基本上是由民主选举产生的，重大事情也需集体协商，另一方面又等级森严，集体的暴政时有发生；一方面在男女两性关系上非常开放，未婚先孕和私生子女不会受到任何歧视，另一方面男女之间又壁垒森严，禁忌重重；一方面国家机构完全按照西方议会制度运作，另一方面地方社区又根据传统方式充分自治。

在外国殖民势力和西方文化的影响下，西萨摩亚在 20 世纪 60 年代制定的独立宪法广泛借鉴了欧美国家的经验，确立了以民主自由为基本价值的现

---

* 徐美莉，博士，聊城大学历史文化与旅游学院副教授，太平洋岛国研究中心研究员。

代宪政体制。70 年代末 80 年代初开始实行的多党制，更是为民主政治注入了新的活力。萨摩亚国家政治生活中的法制化水平明显高于许多发展中国家，社会秩序良好，宪法的权威得到了较好的尊重和体现。可以说，萨摩亚在宪政建设方面取得了很大成就。萨摩亚目前只有中央一级政府，国家公职人员不到 500 人。除了典型的国家事务外，大量的社会事务都是各自治单位自主解决的。其社会自治虽然主要是以村和选区为基本单元，行业自治还停留在企业和学校等单位自治的层面，但萨摩亚人的自治水平是相当高的。萨摩亚政府在处理中央管理和地方自治关系这一问题上基本上是成功的，其中的经验值得发展中国家借鉴。

新版列国志《萨摩亚》共分五章，第一章介绍了萨摩亚的概况，第二章介绍了历史演变，第三章介绍了政治结构，第四章介绍了经济与社会，第五章介绍了其外交政策。

该书的出版将有助于读者了解萨摩亚的政治经济状况和历史文化背景，进一步推动我国学术界对太平洋岛国的研究。

新版列国志《瓦努阿图》书讯

李德芳　王　杰[*]

瓦努阿图是南太平洋的一个"Y"形群岛国家，是蹦极运动的发源地、太平洋岛国中颇具特色的旅游胜地，2006 年在英国新经济学基金会的"幸福指数"排名中荣登榜首，成为世界上"最幸福的国度"。瓦努阿图独特的地理位置使得它一直就是美澳等大国在南太平洋地区的关注点。但是，长久以来我国对瓦努阿图的关注不够，国内仅有的研究资料来自美国、澳大利亚等国研究者基于本国利益所做出的研究成果，对我国研究者的应用价值不大。

中国社会科学文献出版社于 2016 年 1 月出版的新版列国志《瓦努阿图》一书填补了国内这方面研究的空白。《瓦努阿图》一书向读者全面展示了瓦努阿图的基本国情及其自然与人文特色，从政治、历史、经济、社会、文化、外交等方面对瓦努阿图进行了比较全面的介绍。本书共分六部分。第

---

* 李德芳，博士，聊城大学政治与公共管理学院讲师，太平洋岛国研究中心研究人员；王杰，聊城大学历史文化与旅游学院研究生。

一部分介绍了瓦努阿图的概况，从国土与人口、宗教民俗和特色资源三个方面对瓦努阿图的基本国情进行了介绍；第二部分介绍了瓦努阿图从原始部落时期，历经欧洲人在新赫不里底的早期扩张时期、殖民地时期、民族独立运动时期，直至 1980 年新赫不里底独立为瓦努阿图共和国的历史；第三章从瓦努阿图的国体、政体、宪法、行政、立法、司法与武装力量、政党等方面介绍了瓦努阿图的政治，并介绍了瓦努阿图独立后各个阶段的政治形势；第四章介绍了瓦努阿图的经济状况，包括农业、林业、畜牧业、渔业、旅游业、财政、金融和外贸，并从投资优先领域、投资审批、土地的获取、雇员的管理及环境保护等方面详细介绍了在瓦努阿图进行投资的条件与要求；第五章介绍了瓦努阿图的国民生活、医疗卫生、教育、文化艺术及新闻出版等；第六章是本书的最后一部分，介绍了瓦努阿图独立以来的外交简史以及与英国、法国、美国、中国、澳大利亚、新西兰、日本等国家和重要国际组织的外交关系。在书的结尾，作者附加了瓦努阿图的大事年表，以方便读者快速了解瓦努阿图的历史。

《瓦努阿图》一书兼顾学术性和资料性，弥补了学界的研究空白，为读者提供了一个认识瓦努阿图、了解瓦努阿图的平台，为人们了解瓦努阿图这个太平洋岛国提供了重要参考，具有重要的学术价值、文化价值和实际使用价值。

新版列国志《汤加》书讯

刘风山 *

2017 年 3 月出版的《汤加》一书是"十三五"国家重点图书规划项目、中国社会科学院创新工程学术出版资助项目新版列国志太平洋岛国诸卷中的一卷。该书对地处南太平洋西部的岛国汤加进行了系统的介绍，填补了国内在太平洋岛国研究领域的空白，也为我国涉外机构、高等院校、科研机构和出境旅行人员提供了借鉴。

该书图文并茂，包括概览、历史、政治、经济、社会与文化、军事与外交等内容，文末附有大事纪年、参考文献和索引，兼顾了学术性、知识性、

* 刘风山，博士，聊城大学外国语学院教授，太平洋岛国研究中心研究员。

实用性和普及性，是对国际知识参考类图书的有益补充。

第一章"概览"部分除了对汤加的基本信息，如地理位置、地形与气候、行政区划与重要城市、人口、民族等方面进行翔实细致的介绍外，还充分向读者展示了汤加的民俗、宗教和特色旅游资源。民俗部分有对汤加生活观念、宗族观念、妇女地位、社交礼仪及禁忌、审美标准等抽象意识形态的介绍，也有对日常饮食、宴会、卡瓦酒、民宅、服饰等具体社会现象的介绍，其中对随着时代的不同而产生了变化的方面如服饰、审美标准、社交礼仪等，就其古今差别分别进行了概述。鉴于宗教在汤加日常生活中的地位非同小可，该书将此部分单列出来，从传统宗教、宗教变迁和现代宗教三个方面进行了深入细致的介绍和分析，能够让读者充分认识到宗教在汤加日常生活中的重要地位。汤加的特色资源主要是旅游资源，书中对汤加经典的旅游胜地和旅游项目进行了详细的介绍，让人们对这个美丽神奇的国度充满向往。

第二章"历史"部分对汤加古往今来的社会发展进行了全景式的展示，根据重要历史事件对汤加的历史时段进行了上古、中古、近代、现代和当代的划分。该部分首先借助史料，追溯了汤加古代各朝代的更迭及近现代欧洲对汤加在宗教和社会发展上的影响，其中详细讲述了西方基督教对当今汤加政治、经济和文化教育等社会多领域的影响，力求知古鉴今。当代汤加简史部分对影响汤加当代社会发展走向的民主运动和政治改革进行了初步介绍，为下一章"政治"部分做好了铺垫。

第三章"政治"部分，聚焦政治体系演变、现代政治体系构成及当代政治改革三个方面，重点对现代政治体系的构成和当代政治改革进行了论述，并对现代政治体系的特点进行了提炼和总结，展现了在全球化大潮中，汤加在从传统君主制向现代化民主宪政制度转型过程中的探索。

第四章"经济"部分，不仅援引大量数据，对汤加农业、渔业、工业、旅游业、商业等各个行业进行了介绍，还对适宜长期投资的行业进行了重点分析，如"当地捕鱼免税，仅需牌照费用、人工费用和渔船维护费用，成本较低，具备足够的利润空间……汤加海域盛产白沙参和猪婆参，深受中国市场欢迎，投资回报率高，但汤加……管理严格，捕捞期短，政策缺乏持续性，存在风险……"，这些为有意在汤加进行投资的企业提供了有益信息。

第五章和第六章分别对"社会与文化""军事与外交"进行了介绍。中汤交往合作部分，重点介绍了汤加与"21世纪海上丝绸之路"建设的关系，并列举了汤加各界对 2014 年中国国家主席习近平访问南太平洋岛国、会见汤加领导人和"21 世纪海上丝绸之路"建设等所持的态度。

作者在本学院教学和科研工作之余，从多个渠道搜集了大量的中外文信息和文献，并加以挑选、梳理和分析，尽可能向读者呈现汤加的方方面面，但由于主客观条件的限制，缺少第一手资料，部分内容较为笼统，也难免有疏漏和不当之处。新版列国志编辑委员会在丛书的序言中表示，希望该丛书能够架起一座中国和世界的桥梁，作者也希望这本书能够架起一座中汤之间的桥梁，帮助国人认识汤加，促进双方的交往。

新版列国志《基里巴斯》书讯

倪学德*

20 世纪 50 年代初，亚洲东方的中华人民共和国诞生不久，位于太平洋赤道两侧的基里巴斯人民开启民主独立进程。1979 年 12 月，基里巴斯人民获得独立，基里巴斯共和国立即与刚刚开启现代化征程的中国建立友好外交关系。此后，中国真诚地给予基里巴斯大量援助，基里巴斯也以一己之力支持了中国的航天航空事业与轻工业的发展。尽管如此，中国民间与学术界对基里巴斯所知甚少。由聊城大学太平洋岛国研究中心徐美莉撰写，中国社会科学文献出版社 2016 年 9 月出版的新版列国志《基里巴斯》，为人们了解这个美丽的太平洋岛国提供了一个窗口。

《基里巴斯》共七章，第一章作为概览，介绍基里巴斯国土与人民、宗教民俗、特色资源，从中可读到基里巴斯特殊的地形、富有地域和文化特色的国旗和国歌等内容。第二章至第七章依次介绍基里巴斯历史、政治、经济、社会、文化、外交。从中可读到：基里巴斯的移民史、欧洲殖民史、独立民主运动史，以及巴纳巴岛大干旱、太平洋战争中日军占领等重大历史事件；基里巴斯的国家体制、选举制度、行政制度、司法制度及其特色；基里巴斯的经济门类及其发展状况，以及可作为基金经营楷模的平衡储备基金；基里巴斯富有特色的社会结构和社会关系、国民生活和医疗卫生状况；极富特色的基里巴斯文化，包括教育、文学艺术、新闻和媒体；基里巴斯的外交

---

* 倪学德，博士，聊城大学历史文化与旅游学院教授，太平洋岛国研究中心研究员。

政策、其与世界各国和国际组织的关系，尤其是与澳大利亚、新西兰以及其他太平洋岛国的特殊关系。另外，该书还附有"大事记年""索引"等内容，可从中简明地得到有关基里巴斯的重要知识。

限于新版列国志的体例，本书没有就某些问题展开详细叙述，如对吉尔伯特群岛诸岛屿未进行微观的历史叙述。此外，由于资料不足，对某些问题未能进行详细而清晰的叙述及深入的探讨，如巴纳巴岛磷酸盐矿业及其对巴纳巴人的重大影响。

尽管存在多种问题，《基里巴斯》作为中国第一部全面介绍基里巴斯的著作，具有重要价值。首先，本书对中国与基里巴斯进一步发展两国关系可提供参考。基里巴斯一方面与中国面临相似的环境问题、教育问题，两国可以互相交流借鉴解决方案；另一方面，中国有辉煌的传统医药文化，这是基里巴斯缺少且需要的。其次，无论是官方还是民间来往，都需要了解彼此的文化，本书为中方提供了一些资料。最后，对于太平洋岛国研究的发展而言，本书提出了进一步开展基里巴斯研究所面临的问题。

新版列国志《密克罗尼西亚》书讯

刘丽坤[*]

2016 年 8 月，聊城大学太平洋岛国研究中心丁海彬编著的新版列国志《密克罗尼西亚》一书由社会科学文献出版社出版。作为国内首部介绍密克罗尼西亚联邦的著作，本书较为全面、系统地介绍了密克罗尼西亚联邦的国土、宗教、风俗、历史、政治、经济、社会、文化、外交等领域的信息。

密克罗尼西亚联邦位于波涛浩瀚的中部太平洋地区，有数百年的殖民统治史，于 1986 年正式取得独立。该书重点介绍了密联邦经济，对其相对单一的经济模式、丰富的渔业资源（尤其是金枪鱼生产）、经济发展政策和展望等分别进行了有针对性的介绍，对作为密联邦三大经济支柱的农业、渔业、旅游业进行了较为详细的分析。该书资料翔实，数据来源权威，内容覆盖面较广，不仅对有意与密联邦开展经济文化交流的企事业单位具有参考价值，也为那些对这个免签的旅游天堂饶有兴致的游客提供了游玩导航。

* 刘丽坤，博士，聊城大学政治与公共管理学院讲师，太平洋岛国研究中心研究人员。

本书在编著过程中，得到了外交部、中国驻密联邦大使馆、密联邦驻华大使馆、太平洋岛国贸易与投资专员署等单位的大力支持。

新版列国志《马绍尔群岛》书讯

吕桂霞*

在中国的国别区域研究领域中，太平洋岛国研究属于薄弱环节，这种状况与中国目前的国际地位与战略需求很不相称。《马绍尔群岛》是新版列国志太平洋岛国诸卷中的一卷，同时也是目前国内第一本系统介绍马绍尔群岛国情的著作。《马绍尔群岛》详细考证了马绍尔群岛岛民的起源，系统介绍了马绍尔群岛共和国的地理、政治、经济、历史、文化、教育等状况。

马绍尔群岛全称马绍尔群岛共和国（The Republic of the Marshall Islands），由 29 个环礁岛群和 5 个小岛共 1225 个大小岛屿组成，国土面积为 181 平方公里。岛群均为珊瑚岛，且分为两部分，分布在东南面的日出群岛即拉塔克群岛和在西北面的日落群岛即拉利克群岛，中间相隔约 208 公里。1200 多个大小岛礁分布在 200 多万平方公里的海域上，形成西北－东南走向的两列链状岛群。

每个社会均有详述其起源的神话，马绍尔群岛亦不例外。但是马绍尔群岛传统社会并没有文字记载其历史，其历史以口口相传的形式保留下来。根据马绍尔群岛的神话，马绍尔人的始祖为来自马绍尔神秘之地的两姐妹，这一神秘之地位于马绍尔群岛西部，被称为伊布（Eb）。妹妹丽娃图尹姆尔（Liwatoinmour，意为来自生命起源之地的女人）来到拉利克群岛，止步于纳木环礁。姐姐利瑞布莉布居（Liribrilbju）则行至拉塔克群岛的奥尔环礁。两姐妹化身为石柱，这些石柱则成为两大群岛上主要氏族的起源之地。但是历史学家为我们提供了马绍尔群岛岛民起源的另外一个版本。早在 4000 年前，马绍尔群岛就已经有人居住。据考证，最初的马绍尔人是来自菲律宾和印度尼西亚的移民，他们乘坐独木舟穿越美拉尼西亚抵达马绍尔群岛。在传统社会，马绍尔人依赖捕鱼、耕种块根农作物和栽种果树为生，他们的文化中既没有酒，也没有货币。马绍尔人以其高超的航海术和精致的木枝航海图

* 吕桂霞，博士，聊城大学历史文化与旅游学院教授，太平洋岛国研究中心研究员。

而闻名于南太平洋地区。

在历史上，马绍尔群岛孤悬于西太平洋一隅长达数千年的时间，十七世纪西方殖民者的入侵打破了岛礁上的平静。在经过与殖民者的长期抗争后，马绍尔群岛共和国于 1986 年独立，建立了独特的总统制。事实上，马绍尔群岛共和国的政治体制为议会制与总统制的混合体。确切地说，它更像是议会制，而不是总统制，因为总统由议会选举产生，并对议会负责。当议会通过针对总统的不信任案时，总统被视为已正式提交辞呈。在历史上，国会议长与司法机构在提出不信任案的时机及表决程序上有着很大的影响。严格来说，马绍尔的政体与世界上既有的政体类型都不相符。从广义上来说，它与法国的半总统制更为相似，但是，半总统制政府往往采取二元领导体制，总统与总理分别为国家元首与政府首脑，而马绍尔的政治架构并未设立总理一职，总统身兼国家元首与行政首脑两个职务，这一点与总理与总统并存的半总统制有异。然而，在实践中，它的运作机制则与议会制更相似。

新版列国志《马绍尔群岛》向读者全面展示了马绍尔群岛的基本国情及其自然与人文特色，从各个方面对马绍尔群岛进行了比较全面的介绍。

新版列国志《图瓦卢》书讯

丁海彬　王冉冉[*]

在遥远的太平洋深处，分布着除澳大利亚、新西兰以外的 27 个国家和地区。图瓦卢是 14 个独立岛国中的一个。虽然太平洋岛国所在区域战略地位重要，但是由于岛国地狭人稀，发展落后，长期处于世界事务的边缘。与大国研究不同，像图瓦卢这样的岛国，人口少，面积小，资源匮乏，还面临海平面上升的威胁，学界关注度较低，研究相对薄弱。在习近平主席提出"关心海洋、认识海洋、经略海洋"以及"一带一路"倡议背景下，我国海洋强国建设战略被提上日程。聊城大学太平洋岛国研究中心赵少峰博士的著作新版列国志《图瓦卢》一书的出版，无疑填补了我国图瓦卢研究的一个

＊　丁海彬，聊城大学国际教育交流学院副教授，太平洋岛国研究中心研究员；王冉冉，聊城大学历史文化与旅游学院研究生。

空白。该书列入"十二五"国家重点图书出版规划项目，得到了中国社会科学院创新工程学术出版资助项目的支持。该图书是国内首部关于图瓦卢研究的中文著作，有利于加深对即将沉没于海底的岛国的认识，推动太平洋岛国研究，推动两岸关系发展。

全书共21万字，分为八章，包括概览、历史、政治、经济、社会、环境保护、文化、外交，使我们能够全方位了解这个即将沉没于海底的国家。图瓦卢地处西南太平洋，在英国殖民统治时期被称为"埃利斯群岛"，总陆地面积不足26平方公里，是世界上最小的十个国家之一。该国由三个珊瑚礁岛和六个环礁岛组成，南北两端相距560公里。九个岛屿平均海拔只有3米，全国最高海拔仅有4.5米。由于全球气候变暖，海平面上升，图瓦卢的国土面积也在不断缩小。图瓦卢属于热带海洋性气候，全年降雨量在3000毫米至3500毫米。由于当地没有淡水资源，降水、淡化海水成为当地居民日常生活用水的重要来源。

据2014年人口统计，全国总人口为11207人，男性5582人，女性5625人。首都富纳富提环礁人口占总人口的47%。图瓦卢是君主立宪制国家，英国女王是国家元首，总督代表女王行使权力。图瓦卢没有军事力量，只有武装警察部队和海上巡逻队。警察部队由56名男子和4名女子组成。图瓦卢经济、社会发展落后，基础设施差，是联合国公布的"世界上最不发达的国家"之一。但是，图瓦卢的邮票、硬币世界知名，极具收藏价值。图瓦卢的外汇收入主要依靠海外船员收入、外国援助、收取外国在该国专属经济区的捕鱼费、发售邮票和出口椰干，以及在瑙鲁磷矿工作的侨民汇款等。

图瓦卢渔业资源丰富，该国拥有74万平方公里专属经济区，专属经济区面积排世界第38位。但是，本国渔业资源开发能力有限，且地处太平洋深处，交通极为不便。图瓦卢奉行积极的外交政策，不断加强与大国、国际组织的联系，以期获得更多海外援助，促进国内可持续发展计划的实现。图瓦卢与斐济、澳大利亚、新西兰、古巴、英国等关系密切。我国与图瓦卢没有建立正式外交关系。我国台湾地区于1979年与图瓦卢建立"邦交"关系。

作为新版列国志太平洋岛国诸卷中的一卷，《图瓦卢》一书的出版对于促进太平洋岛国研究的良性发展，提升研究的层次和水平，对于服务国家的战略需求，服务企业"走出去"战略必将发挥应有作用。

新版列国志《纽埃》书讯

王敬瑗　段国华[*]

　　二十一世纪之前，南太平洋地区岛国并未得到世人太多的关注，然而进入新世纪以来，随着世界范围内经济、政治、文化领域的交流日益频繁，这些岛国逐渐进入人们的视野，得到越来越多的关注，它们与其他国家的贸易及文化往来日益频繁，优美的自然景色吸引了越来越多来自世界各地的游客，这一切为社会科学文献出版社出版新版列国志太平洋岛国诸卷提供了机遇。

　　纽埃是南太平洋地区 27 个国家和地区当中人口最少的国家，根据纽埃政府官方网站显示的 2011 年人口统计数字，仅有 1311 人。近几年来，纽埃先后与世界近 20 个国家建立了正式外交关系或保持频繁的经济文化往来。中国于 2007 年与纽埃正式建立了大使级外交关系。作为中国友邦，纽埃也是中国"一带一路"倡议沿线国家之一，因此向国内介绍纽埃成为聊城大学太平洋岛国研究中心的历史使命，《纽埃》一书便是在这种背景下成书的。

　　该书的第一章介绍了纽埃的地理位置、自然环境、宗教文化特色以及人口问题。除此之外，本章还针对纽埃在全球气候变暖、纽埃人口移民造成人口逐年减少等问题的影响下所面临的经济、文化困境进行了卓有成见的分析。在关于纽埃地理状况的介绍当中，最具特色的是构成该国的 14 个村庄既是该国的 14 个独立行政单位，也是吸引世界各地游客的重要资源。

　　第二章分古代史、近代史、现代史、当代史、历史人物等五部分，详细梳理了纽埃的发展历史，一直追溯到英国探险家詹姆斯·库克发现该岛之前，介绍了纽埃先后经历英国殖民时期、新西兰殖民时期，直到当代政治独立时期的历史变化。根据本章介绍，虽然纽埃于 1974 年从政治上脱离了新西兰的殖民统治成立了自治政府，但由于它与新西兰特定的历史渊源，尤其

---

　　* 王敬瑗，聊城大学外国语学院讲师，太平洋岛国研究中心研究人员；段国华，聊城大学外国语学院讲师。

是其脆弱的经济和极低的人口水平，纽埃还在很大程度上依靠新西兰政府的援助，这既有经济上的，也有国防方面的。不过，纽埃近年来正寻求与世界其他国家的经济文化合作，亚洲、美洲的一些国家在纽埃社会生活中的影响日益显著。

本书的第三章是对纽埃政体、国体、宪法、立法、司法、政党、议会制度等的详尽介绍。根据本书介绍，纽埃沿用1974年颁布的宪法，属于英联邦成员国，英国女王是纽埃名义上的元首，政治体制采用英联邦国家的议会选举制度，纽埃议会选举总理，由总理负责组建政府内阁并管理国家事务。纽埃历史上只存在过一个政党派别，即纽埃人民行动党，该党于1987年组建成立，2003年解散，目前纽埃不存在政党派别，因此也成为议会制国家中的一个特例。

第四章讨论纽埃的经济问题。按照本书的介绍，纽埃经济比较脆弱，虽然近几年纽埃政府试图实现经济自治，但由于受其国内资源条件的限制，国家经济依然严重依赖以新西兰为代表的其他国家的经济援助、国外移民侨汇、国内税收等。纽埃的工商业资源十分匮乏，国内没有大型工业，近海渔业资源也不甚丰富。农业主要以出口诺丽果、芋头等农产品增加经济收入。林业资源相对而言比较丰富，但受其脆弱的地质条件限制，很难大规模开发。旅游业是纽埃的经济支柱产业，每年可为纽埃带来一定的收入。相对于其脆弱的经济资源，纽埃国内交通便利，但与世界其他国家间的交通还严重依赖新西兰及周边其他国家。

第五章介绍了纽埃的社会。纽埃没有独立的军事力量，纽埃的国防安全依赖新西兰的军事力量，纽埃也一直通过新西兰的国家军事机构参与世界军事行动。纽埃国内社会秩序良好，社会治安由警察部门进行管理，几乎没有重大案件。纽埃的地理环境相对脆弱，纽埃政府正通过实施多项政策和法令保护其自然环境，保证人民生活安全。根据本书的介绍，相对于其脆弱的经济，纽埃人民享有很好的医疗待遇，纽埃居民近90%的医疗卫生服务费用由政府负担，纽埃是全球范围内医疗福利最好的国家之一。

第六章介绍了纽埃的文化生活。纽埃实行中小学义务教育，但没有独立的大学，多通过建立网络院校等方式为其国民提供高等教育，其居民也多通过到新西兰等国接受高等教育。根据本书的介绍，考虑其较少的人口，纽埃的文学、艺术成就已非常卓越，约翰·普勒、马克·克劳斯的文学艺术成就已经引起学界关注。纽埃的新闻出版行业力量相对薄弱，除报纸《纽埃之星》和纽埃广播公司，纽埃国内没有其他媒体。纽埃的邮政业务也在很大程度上依赖新西兰邮政系统，由新西兰邮政公司代为发行邮票。

本书第七章介绍了纽埃的外交关系。纽埃自 1974 年成立内部自治政府以来，逐步开展独立外交，除加入多个国际组织之外，先后与包括中国在内的 14 个国家正式建立了外交关系，并与法国、巴西、瑙鲁、斐济等国保持密切的政治、经济、文化往来。按照本书介绍，受其历史因素影响，纽埃始终与新西兰保持着最密切的外交关系。近年来中国政府也在经济、教育等方面对包括纽埃在内的太平洋岛国提供援助，尤其是中国政府"一带一路"倡议框架内提出的面向太平洋岛国的"中国－太平洋岛国论坛奖学金项目"将会为纽埃教育发展提供支持。

由于国内外有关纽埃的文献资料极度缺乏，在《纽埃》一书的编写过程中作者遇到了许多困难，但作者都一一克服了。《纽埃》一书的出版，是国内太平洋岛国研究的重要成就，可以说填补了国内纽埃研究的空白。由于国内外现有文献较少，该书出版意义重大，它对于国内外学者了解纽埃、研究纽埃都将起到非常重要的作用。由于资料过于稀缺，所收集的某些资料时代过于久远，数据也并非都是官方数据，书中如有偏误也在所难免，需要专家及学者不吝批评指正。

新版列国志《所罗门群岛》书讯

王作成[*]

《所罗门群岛》一书是由社会科学文献出版社组织编撰的新版列国志丛书中的一卷，也是由聊城大学太平洋岛国研究中心组织编撰的太平洋岛国丛书的重要组成部分。该书被列入"十二五"国家重点图书出版规划项目和中国社会科学院创新工程学术出版资助项目。

《所罗门群岛》一书 20 余万字，共分六章，较为实时、全面和深入地介绍了所罗门群岛的基本情况。本书内容始于人类定居所罗门群岛，止于本书出版前夕，涵盖了所罗门群岛的民族、历史、政治、经济、社会与文化以

＊　王作成，博士，聊城大学历史文化与旅游学院副教授，太平洋岛国研究中心研究员。

及外交等领域。本书不仅吸收了国内已有的散见于各学科的关于所罗门群岛的研究成果，还通过参考和借鉴外文文献对已有研究成果进行了考证、梳理，并填补了国内所罗门群岛研究的空白。

《所罗门群岛》一书具有一定的学术价值，产生了较好的社会影响。一是由于国内鲜有研究所罗门群岛的学者和机构，自列国志丛书编撰以来一直未能出版所罗门群岛卷，因此本书的出版填补了列国志丛书的这一空白。二是由于国内学术界长期以来主要关注与国家利益密切相关的国家和地区，包括所罗门群岛在内的太平洋岛国长期处于学术研究的边缘，鲜有学者和研究机构对其给予足够关注，因此在本书出版前，国内有关所罗门群岛的著述，除了广州市政协文史资料委员会于1978年翻译出版的《所罗门群岛》一书外，大多散见于政治学、人类学、社会学等相关学科的专业辞书中，且仅限于概略性的介绍，可见国内对所罗门群岛的研究尚处于起步阶段。有鉴于此，本书的出版从一定意义上讲将有助于国人全面了解所罗门群岛的基本情况，促进更多学者关注和进一步深入研究所罗门群岛。三是为有关部门的决策提供了参考，受到有关部门领导的高度评价。

尽管从严格学术意义上讲本书还算不上一本精深的学术专著，但笔者希望它成为进一步推动国内所罗门群岛研究的引玉之作。由于资料匮乏、作者学力不逮等主客观因素，本书肯定存在不足和疏漏，恳请读者和专家批评斧正。

新版列国志《帕劳》书讯

韩玉平[*]

新版列国志《帕劳》一书由聊城大学太平洋岛国研究中心李德芳博士编著，于2017年4月由社会科学文献出版社出版。该书共分七部分，对帕劳共和国的概况、历史、政治、经济、社会、文化、外交关系等方面进行了详尽的梳理和阐述，结构严谨，内容翔实，是目前国内唯一专门介绍帕劳的著作。

---

[*] 韩玉平，聊城大学国际教育交流学院副教授，太平洋岛国研究中心研究员。

帕劳位于西太平洋，由 340 多个岛屿组成。帕劳国土面积狭小，陆地面积仅为 490 平方公里。人口 21347 人（2016 年），主要为帕劳人和菲律宾人，还有少量的日本人、华人、密克罗尼西亚人和欧洲人。居民大多信仰基督教，另有少量帕劳人信奉土著宗教摩德肯基教。

早在 4000 年前，帕劳群岛就有人类居住。大型的村落出现在 700～900 年。1543 年，西班牙探险家比利亚洛沃斯首次"发现"了帕劳。1565 年西班牙征服菲律宾后，帕劳群岛被划归为菲律宾舰长的领地。1783 年，英国安蒂洛普号航船在乌龙岛搁浅，由此开启了英国人与帕劳的交往。1790 年，英国宣布占有帕劳，并垄断了与帕劳的贸易。1885 年西班牙重新控制了帕劳，使其隶属于西班牙东印度公司。1889 年，西班牙在美西战争中战败，把帕劳卖给了德国。1914 年，日本借一战之际占领了帕劳。1920 年，帕劳成为国联授权下的日本委任统治地。二战后，帕劳成为美国的托管地。1994 年 10 月 1 日，帕劳共和国独立。帕劳实行总统制，按照三权分立原则设立立法、行政和司法机构，并部分保留了历史上遗留下来的酋长制，设有酋长委员会。全国分成 16 个州，各州自行立宪。

帕劳经济以旅游业为主，旅游服务收入占 GDP 总量的 80% 以上。帕劳旅游资源丰富，拥有世界上最美丽的珊瑚礁景观、彩虹状的白色沙滩和独一无二的无毒水母湖。帕劳也是著名的潜水胜地，海底珊瑚礁景观是世界七大海底奇观之首。

帕劳社会沿用村落酋长制度，并沿袭母系制传统。村落酋长和女性首领在社会生活、土地分配和传统习俗中仍然发挥着重要作用。同时，帕劳也是太平洋岛国中最为"西方化"的国家之一，尤其是帕劳年轻人的"美国化"成为帕劳社会的重要特征。帕劳医疗卫生较为落后，吸食烟草、肥胖和非传染性疾病成为影响帕劳人健康的主要因素。帕劳教育较为发达，中小学教育、职业教育和特殊教育体系完善，帕劳只有一所高等专科学校——帕劳社区学院，因此，许多帕劳人选择到美国、澳大利亚和其他国家留学。

帕劳是世界上最小的国家之一，也是取得独立较晚的国家。但由于其重要的战略位置和丰富的海洋资源，帕劳独立后许多国家先后与其建立外交关系。目前帕劳已经与美国、日本、澳大利亚、菲律宾、印度尼西亚等 50 多个国家建立了外交关系（尚未与中国建交，而与台湾地区保持着"外交关系"），并加入了包括联合国在内的 20 多个国际组织。

新版列国志《瑙鲁》书讯

吕桂霞　韦　笑[*]

　　瑙鲁是南太平洋地区 14 个独立岛国中的一个。1968 年瑙鲁独立后，该国凭借磷酸盐矿开发，迅速步入富裕国家行列，但是这种好日子并没有延续多久。伴随着磷酸盐矿开采殆尽，在 20 世纪 90 年代末期，瑙鲁经济走向衰落，沦落到依靠外国援助来维持国内社会、经济稳定的地步。由于瑙鲁地处太平洋深处，人口少，面积小，资源匮乏，学界关注度较低，学术研究相对薄弱。聊城大学太平洋岛国研究中心赵少峰博士的著作新版列国志《瑙鲁》一书的出版，无疑推动了国内瑙鲁研究的发展。该书列入"十二五"国家重点图书出版规划项目，得到了中国社会科学院创新工程学术出版资助项目的支持。

　　全书 15 万字，分为七个章节，包括概览、历史、政治、经济、社会、文化、外交，使读者能够全方位了解这个世界上最小的岛国。瑙鲁位于南太平洋地区的瑙鲁岛上，该岛是珊瑚环礁岛，在赤道以南 42 公里，与所罗门群岛、马绍尔群岛、密克罗尼西亚联邦隔海相望。该国陆地面积 21 平方千米，全国总人口为 10887 人（2015 年）。官方语言是英语，当地人更喜欢使用瑙鲁语。瑙鲁共分为 14 个行政区，不设首都，行政管理机构设在亚伦区。瑙鲁属于热带海洋性气候，受到全球气候变化的影响，干旱和飓风等极端天气频发。由于当地没有淡水资源，降水、淡化海水成为当地居民日常生活用水的重要来源。

　　从考古资料来看，约 3000 年前，密克罗尼西亚人和波利尼西亚人已在瑙鲁定居，形成了初期的 12 个部落。1798 年，英国人约翰·费恩到达该岛，将其命名为"舒适岛"。历史上，瑙鲁被德国、日本占领，并在第一次世界大战和第二次世界大战后，成为国联、联合国的托管地，同时接受英国、澳大利亚、新西兰的委任统治。1968 年 1 月 31 日，瑙鲁获得独立，1999 年 9 月，加入联合国。瑙鲁为总统制共和国，国会为一院制，共有 18

---

　　[*]　吕桂霞，博士，聊城大学历史文化与旅游学院教授，太平洋岛国研究中心研究员；韦笑，聊城大学历史文化与旅游学院研究生。

个席位。国会议员由人民直接选举产生，任期三年。总统由国会议员选举产生。内阁由总统直接任命，一般由 5 ~ 6 人组成。瑙鲁政党不活跃，分为执政党和反对党两派。由于国会成员较少，一般只要掌握国会 9 个席位就能改选总统，这导致近些年来瑙鲁政治局势极不稳定。

瑙鲁经济为单一经济，主要依赖向澳大利亚、新西兰出口磷酸盐。瑙鲁渔业资源丰富，但是本国渔业资源开发能力有限。瑙鲁的旅游业非常不发达，一方面是因为瑙鲁地理位置偏僻，交通不便，另一方面是因为当地旅游资源匮乏，不能有效吸引游客。瑙鲁是世界上外国游客最少的国家之一。2014 年，联合国人类发展报告指出，从人类发展指数（HDI）来看，瑙鲁和图瓦卢一样，属于"其他国家和地区"，意味着瑙鲁位列"低人类发展水平"国家之后。事实上，超过 90 年的磷酸盐矿开采造成至少 3/4 的岛屿被视为不适于人类居住和不适合任何其他生物生存。为此，瑙鲁面临巨大发展困难和挑战。尽管瑙鲁财政极度困难，但是国家提供的福利一直不错，教育和医疗费用由政府承担。澳式橄榄球和举重是在瑙鲁最受欢迎的体育运动。受当代西方文化的影响，瑙鲁传统文化只有很少的部分被保留下来。

瑙鲁积极加入全球性国际组织和区域性国际组织，与 69 个国家有邦交关系，并与澳大利亚、新西兰、英国关系密切。随着国内经济越来越不景气，驻外人员不断减少。瑙鲁在美国设有驻联合国代表处，在中国台湾设有驻地"大使馆"，在泰国曼谷和澳大利亚布里斯班设有总领事馆，在斐济苏瓦设有高级专员署。迫于实现国内可持续发展计划的需要，瑙鲁经常利用它在联合国的会员国地位，通过改变立场，来获取外国援助。瑙鲁与中国台湾保持"邦交"关系。

新版列国志《库克群岛》书讯

张　勇[*]

聊城大学太平洋岛国研究中心王作成博士的新版列国志《库克群岛》是国内首部介绍库克群岛的著作，对于人们全面了解这一神秘的南太平洋岛国大有裨益。

---

* 张勇，博士，聊城大学马克思主义学院讲师，太平洋岛国研究中心研究人员。

库克群岛位于南太平洋波利尼西亚三角区的中心，全国由 15 个小岛组成，逶迤分布于 200 万平方公里的浩渺洋面上，陆地面积不足 240 平方公里。其国名源于大名鼎鼎的英国航海家詹姆斯·库克船长，在 18 世纪，库克船长曾三次抵达此地。1888 年，库克群岛成为英国的保护地，1901 年，成为新西兰的属地。1964 年，库克群岛在联合国监督下举行全民公决，通过库克群岛宪法，1965 年宪法正式生效，库克群岛内部完全自治，享有完全的立法权和行政权，但与新西兰保持自由联系关系。库克群岛为英联邦成员国，历史上长期受英国及新西兰的殖民统治，因而受两国政治模式的影响较深，其政治体制追随英国的威斯敏斯特体系；同时结合自身传统对部分制度进行了创新，实行君主立宪制与英国式议会民主制的混合政体。库克群岛经济对外部援助依赖较大。近年来，旅游业逐渐成为库克群岛经济发展的支柱性产业，且珍珠养殖业快速发展，库克群岛经济状况有所改善。另外，库克群岛积极发展对外关系，目前已与 40 余个国家建立了外交关系，并积极参与国际与地区多边组织，目前是联合国开发计划署、联合国教科文组织、世界卫生组织、国际民航组织、世界气象组织、国际海事组织、国际红十字会、亚洲开发银行等诸多国际组织的成员。中国于 1997 年与该国建立了大使级外交关系，自此，两国关系发展步入快车道。

库克群岛地处热带，四季如夏，盛产椰子、香蕉、柑橘、菠萝、面包果、芒果等，有"南太平洋果园"之美誉。同时，库克群岛也是享誉世界的旅游胜地，欧洲和新西兰、澳大利亚等地的游人接踵而至。雨林、鲜花、碧海、蓝天让人仿佛置身画中，再加上世居岛上的库克群岛毛利人尤擅歌舞，热情似火，游客在此可领略到典型的南太平洋风情。

本书以较为翔实的资料全面介绍了库克群岛的基本情况，主要从历史、政治、经济、社会、文化、外交等几个方面对库克群岛进行了具体解读，并对其在当前发展中所面临的问题也有所涉及。

聊城大学太平洋岛国研究中心简介

聊城大学太平洋岛国研究中心成立于 2012 年 9 月，是国内第一个独立建制的太平洋岛国研究机构、山东省首批 15 家重点新型智库建设试点单位之一。中心旨在通过严谨扎实的学术研究，服务国家战略和区域经济社会发展，增进中国人民与太平洋岛国人民之间的了解和友谊，推进中国与太平洋岛国的友好合作和经贸往来。

中心现有专兼职研究人员 39 人，其中教授 11 人，副教授 12 人，具有博士学位者 24 人。研究人员中有享受国务院政府特殊津贴的专家、"齐鲁文化英才"、山东省优秀研究生导师、山东省智库高端人才等省部级高层次专家。"太平洋岛国研究团队"入选山东省高等学校优势学科人才团队培育计划。中心名誉主任为中共中央对外联络部原副部长、全国政协外事委员会委员、中国人民争取和平与裁军协会副会长于洪君教授，著名学者王玮、庞中英为中心首席专家。中心依托的历史学专业为国家级特色专业建设点，世界史和政治学学科为硕士学位一级学科授权点。

中心下设历史文化与社会形态研究所、政情政制与对外关系研究所、经贸旅游研究所，以及 7 个国别研究室、1 个编译室，另设有资料室、主题展室、首席专家室、会议室等，办公场所面积达 560 余平方米。中心建立了国内首个以太平洋岛国研究为主题的学术网站（www.rcpic.cn）和微信平台，已形成国内较齐全的太平洋岛国研究资料中心。

中心研究人员撰著出版了新版列国志太平洋岛国诸卷、《一带一路列国志》、《一带一路名城志》等 20 余部著作，在《现代国际关系》、《太平洋学报》等发表论文 150 余篇，承担了《中国大百科全书》（第三版）太平洋岛国全部词条的撰写。中心研究人员先后主持各级各类科研课题 30 多项，其中国家社科基金重点项目及年度项目 6 项；获山东省社科优秀成果一等奖 1 项、二等奖 6 项，山东省省级教学成果一、二等奖各 2 项。

中心注重科研成果转化，通过组织科研团队，加强联合攻关，搭建了跨学科的研究平台，服务国家对外战略需求和区域经济发展。中心向中央和山东省有关部门、领导提交咨询报告 10 余份，与国家部委合作出版了"一带一路"系列研究成果，承担了部委委托课题，为区域企业向太平洋岛国投资提供了咨询服务，举办了太平洋岛国文化展。

中心已与国家相关部门、各太平洋岛国驻华使馆及国内外相关研究机构建立了密切联系。2014 年 4 月，中心成功举办了中国首届"太平洋岛国研究高层论坛"，时任中共中央对外联络部副部长于洪君以及多位太平洋岛国驻华大使到会，在国内外引起了强烈反响。2016 年 10 月，中心在北京成功举办了中国第二届"太平洋岛国研究高层论坛"，引起社会各界关注。

今后，中心研究人员将倍加努力，用平等心态、中国视角，通过多学科协同，在对太平洋岛国开展全方位综合研究的基础上，重点研究其历史文化、政情政制、对外关系和经贸旅游，将基础研究、应用研究和对策研究结合起来，创建中国的"太平洋岛国学"，把中心建设成为国内最高端的太平洋岛国研究机构和人才培养中心、增进中国人民与太平洋岛国人民了解和互信的信息中心、党和国家有关部门制定相关战略和政策的咨询中心。

征稿启事

　　《太平洋岛国研究》是由聊城大学主办、太平洋岛国研究中心承办的学术集刊，于2017年春创办，由社会科学文献出版社出版发行，每年出版1辑。本集刊旨在探讨太平洋岛国历史与现实诸问题，以期促进中国太平洋岛国研究的发展，推动国际学术交流。本集刊重点研究太平洋岛国历史文化、政情政制、对外关系、经贸旅游以及区域一体化，注重创新、探讨、切磋和争鸣，设有多个栏目，欢迎国内外学者不吝赐稿。

　　本集刊接受学术论文、译文、研究综述、札记、书评、争鸣等。来稿一律用中文，论文、译文字数请限于1.5万字以内，优秀文章不受此限，其他文章限于5000字以内，精粹短稿尤为欢迎。本集刊热诚欢迎历史学、政治学、文学、宗教学、文化学、人类学、考古学、生态学等不同研究视角的文章，引文务必准确无误，译文请附上原文。编辑部在收到稿件后，将请有关专家审阅，一般在2个月内回复作者。来稿免收审稿费和版面费，一经刊用，即致稿酬。

　　来稿时请作者提供200字左右的内容摘要、3～5个关键词。英文题名、英文摘要、英文关键词要与中文文献对应，并置于文后。本刊注释采用页下注的格式，具体参照《历史研究》注释规范。作者简介请另附页，注明作者真实姓名、出生年月、籍贯、工作单位、职称以及联系方式。来稿一律使用电子稿，请将Word文档"附件"发至：taipingyangban@126.com，并请注明"《太平洋岛国研究》投稿"字样。

《太平洋岛国研究》编辑部

2017年4月

图书在版编目（CIP）数据

太平洋岛国研究. 第一辑 / 陈德正主编. -- 北京：
社会科学文献出版社，2017.7
ISBN 978 - 7 - 5201 - 1008 - 2

Ⅰ. ①太… Ⅱ. ①陈… Ⅲ. ①太平洋岛屿 - 国家 - 研
究 Ⅳ. ①K96 - 53

中国版本图书馆 CIP 数据核字（2017）第 148893 号

太平洋岛国研究（第一辑）

主　　编 / 陈德正
副 主 编 / 吕桂霞　曲　升

出 版 人 / 谢寿光
项目统筹 / 张晓莉　叶　娟
责任编辑 / 孙以年　王浩娉

出　　版 / 社会科学文献出版社·列国志出版中心（010）59367200
　　　　　 地址：北京市北三环中路甲 29 号院华龙大厦　邮编：100029
　　　　　 网址：www.ssap.com.cn
发　　行 / 市场营销中心（010）59367081　59367018
印　　装 / 三河市尚艺印装有限公司

规　　格 / 开　本：787mm × 1092mm　1/16
　　　　　 印　张：11.5　字　数：192 千字
版　　次 / 2017 年 7 月第 1 版　2017 年 7 月第 1 次印刷
书　　号 / ISBN 978 - 7 - 5201 - 1008 - 2
定　　价 / 69.00 元